ESTE LIVRO NÃO VAI TE DEIXAR RICO

STARTUP DA REAL

ESTE LIVRO NÃO VAI TE DEIXAR RICO

CONHEÇA A VERDADE SOBRE EMPREENDEDORISMO, STARTUPS E A ARTE DE GANHAR DINHEIRO

Edição revista e ampliada

Planeta ESTRATÉGIA

Copyright © Startup da Real, 2019
Copyright © Editora Planeta do Brasil, 2019
Todos os direitos reservados.

Preparação: Edison Veiga
Revisão: Fernanda Guerriero Antunes e Vanessa Almeida
Diagramação: Anna Yue e Francisco Lavorini
Imagens: freepik
Capa: Filipa Pinto | Foresti Design

Dados Internacionais de Catalogação na Publicação (CIP)
Angélica Ilacqua CRB-8/7057

Startup da Real
Este livro não vai te deixar rico : descubra a verdade sobre empreendedorismo, starups e a arte de ganhar dinheiro / Startup da Real. – 2. ed. – São Paulo : Planeta 2019.
240 p.

ISBN: 978-85-422-1752-0

1. Não ficção 2. Negocios 3. Empreendedorismo 4. Administração 5. Produtividade I. Título

19-1776 CDD 650.1

Índices para catálogo sistemático:
1. Não ficção - negócios 650.1

2021
Todos os direitos desta edição reservados à
EDITORA PLANETA DO BRASIL LTDA.
Rua Bela Cintra 986, 4º andar – Consolação
São Paulo – SP CEP 01415-002
www.planetadelivros.com.br
faleconosco@editoraplaneta.com.br

Sumário

Introdução 11
Eu sou @Startup da Real 17

Capítulo 1
Como não começar do zero 23

    Histórias de superação vendem bem 24
    Todo mundo tem uma narrativa 25
    O deslize da exceção bem-sucedida 26
    O discurso ingênuo e os riscos ocultos 28
    Não existe receita de sucesso 30
    Como não começar um negócio 33
    A ética da motivação 36

Capítulo 2
É melhor você terminar essa faculdade 39

    Uniqualquer não é Harvard 40
    Os grandes empreendedores largaram a universidade 40
    Não confie no ovo dentro da galinha 40
    Você precisa ter conhecimento de verdade 41
    Reconheça suas desculpas 42

Capítulo 3
Existe estabilidade? 45

Capítulo 4
Morrer de trabalhar não é bonito 49
    Contratos são vistos de forma unilateral 50
    Os prejuízos de quem gosta de se matar de trabalhar 51
    Sua vida não é seu trabalho 52
    Não dá pra escolher demais 53
    Fazer o necessário quando necessário 54

Capítulo 5
O que significa estar acima da média? 57
    Onde nasceu *l'homme moyen* 58
    Mário Santos e a curva gaussiana de boteco 59
    Você não é medíocre 61
    Mas e os *high performers*? 62
    E o Michael Jordan? 64

Capítulo 6
O problema da produtividade é o Carnaval? 67
    O Carnaval prejudica a economia do Brasil 67
    Mas tudo fica parado e ninguém faz nada 68
    O que existe por trás das críticas 69

Capítulo 7
Então você não gosta de feriado? 73
    Mais trabalho é menos produtivo 73
    O brasileiro trabalha pra caralho 75
    A necessidade do #feriadão 77

Capítulo 8
Se você trabalha com o que gosta, não se importa de trabalhar muito 81

Capítulo 9
O negócio sujo do empreendedorismo fitness 85

    Conheça o seu on-line coach 85

    Como o negócio funciona 86

    A esperança de viver o sonho 87

    Mas e os programas de consultoria, funcionam? 88

Capítulo 10
O problema não é o empreendedorismo de palco 91

    Se não sabe o que fazer, não faça nada 91

    Tudo funciona para alguém 93

    Primum non nocere 95

    O erro mora no discurso ingênuo 97

    A pele no jogo dos outros 100

Capítulo 11
Sem querer, virei um exemplo de meritocracia 103

    Estudo de caso: Startup da Real, do zero ao best-seller 103

    Nada dito anteriormente é mentira, mas também não é verdade 106

    Storytelling *versus* mundo real 111

Capítulo 12
Tudo que você precisa pensar antes de falar sobre meritocracia 115

    A importância dos jogos de linguagens para os diálogos 116

    Mário e Juliana 118

    O que você quer dizer quando fala sobre meritocracia? 120

    Mário e Juliana entram num bar 122

    Dependência de domínio 123

    Mas existe mérito? 124

    Mérito até existe, mas meritocracia não 125

    Mas estão jogando com nossas opiniões 126

    Se mérito e esforço não fazem diferença, o que eu devo fazer? 129

Capítulo 13
Desculpe, mas falar palavrão não faz você f*da 131

    O culto aos rebeldes 132

    Ser hostil funciona: polêmicas vendem 133

    Como a polarização cria distorções de percepção 134

    Sou simpático porque sou de Libra 137

    Você achou que estava sendo esperto 138

Capítulo 14
Educação financeira não vai fazer você menos pobre 141

    "Oi, meu nome é Bettina. Eu tenho 22 anos e 1 milhão e 42 mil reais de patrimônio acumulado" 143

    O pobre é (ou continua) pobre porque não teve educação financeira 145

    Pobres ganham na loteria e perdem tudo 148

    Educação financeira não é para gente pobre............................ 148

Capítulo 15
As dificuldades de empreender são as mesmas para homens e mulheres 151

    Uma breve história das mulheres no trabalho 152

    O papel da mulher empreendedora 153

    As dificuldades das mulheres empreendedoras 154

    O mundo é maior do que sua experiência pessoal 157

Capítulo 16
Como não planejar uma vida de sucesso: você não precisa saber aonde quer chegar 159

    Como vender um modelo de vida 159

    A anatomia de um discurso de vendas 162

    Por que achamos que empresários ganham bem? 163

    A vida real é confusa e (quase) imprevisível............................. 165

    Não existe GPS para a vida... 167

    Tente não vencer na vida.. 169

    Definindo a vida pela via negativa.. 171

Capítulo 17
Tudo o que você precisa saber para começar* 175

    #1 – O que você precisa saber antes de empreender 176

    #2 – Empreendendo sem recursos 185

    #3 – Tirando ideias da cartola 188

    #4 – Criando um produto 192

    #5 – Você precisa de um time (ou pelo menos um par) 200

    #6 – Como atrair os primeiros clientes 204

    #7 – Como vive um empreendedor 211

    #8 – Considerações finais 218

Referências 221

Agradecimentos 231

Sobre o Startup da Real 233

Introdução

Há exatamente dez anos, sentei-me pela primeira vez com duas outras pessoas e decidimos que, juntos, fundaríamos uma empresa. Cada um assumiu compromissos ousados. Criar uma startup exigia estudo e dedicação. Só assim tudo sairia como tínhamos vislumbrado.

Foram necessários apenas alguns meses para entendermos que a distância entre planejamento e execução é bem maior do que todo mundo imagina. No papel, as variáveis costumam ser simples e diretas; no mundo real, tudo se torna mais confuso.

Desenvolver uma identidade visual não é apenas encontrar um bom designer – exige conversar com uma dezena de profissionais, realizar testes, apontar ajustes e, no fim, procurar outra pessoa para nos ajudar porque a anterior foi fazer mestrado em Portugal.

Cada detalhe, por mais fácil que pareça na lista de atividades, acaba demorando até 10 vezes mais que o planejado.

Resultado: me afastei do projeto. E a empresa foi fechada logo em seguida.

Após um ano, juntei-me com outros amigos para iniciar mais um negócio. Dessa vez, chegamos rápido à fase de abordar prospectos e estudar a implantação do produto. No entanto, o interesse dos sócios começou a diminuir e, pouco depois, ninguém comparecia mais às reuniões.

Descobri que um dos problemas ao se montar um empreendimento sem recurso é que, quando o dinheiro demora a entrar, priorizam-se as atividades que de fato pagam as contas – e pagar as contas é importante, claro.

O tempo passou, estudei empreendedorismo fora do país e criei outros negócios. De maneira gradual, fui compreendendo que a aparente facilidade que tentavam sugerir os materiais e gurus sobre o tema eram falsas. Mais ainda, comecei a entender o mecanismo que usavam para vender livros e palestras, fazendo muita gente, assim como eu, assumir riscos financeiros e investir tempo em atividades extremamente arriscadas.

Enquanto tudo isso acontecia na minha vida, vi o tema empreendedorismo sair da esfera específica de alguns grupos e se tornar assunto popular. Os gurus se multiplicaram, bem como os materiais ensinando a montar negócio, ter atitudes de sucesso e conquistar seu primeiro milhão.

Mesmo aqueles que não tinham interesse em criar um negócio deveriam ter uma "atitude empreendedora". As obras de autoajuda, que antes ensinavam a ter calma, paz e viver tranquilamente, passaram a incentivar a busca pelo sucesso como forma de alcançar a plenitude.

Para atingir um público cada vez maior, as abordagens se tornaram mais simplistas e superficiais. Hoje, é comum abrir uma rede social e ver pessoas guiarem suas decisões com base em frases de impacto, livros sem profundidade e palestras de cinco minutos.

Uma atividade reconhecidamente arriscada passou a ser tratada como aposta certa. Começaram a ser corriqueiras afirmações como "você pode abandonar seu curso superior para empreender", "basta criar o produto que os clientes vão aparecer" e, ainda mais perigosa, "ser rico é uma questão de escolha, basta se esforçar".

Para você que está se perguntando o que é Startup da Real e por que alguém criou um perfil anônimo, digo que essa chegada do empreendedorismo autoajuda e do conhecimento superficial para incentivar riscos condensa bem minhas motivações.

Havia muito, estava incomodado com a banalização do empreendedorismo. Ao mesmo tempo, um amigo pessoal que gosta muito desse tipo de conteúdo me enviava materiais assim. Um dia brinquei que faria um perfil no Twitter só para criticar as imagens e os textos que ele me mandava – e, no dia seguinte, nasceu o Startup da Real.

Ciente de que é fácil parecer um perfil bobo que apenas faz piadas ridicularizando um assunto, senti desde o início que era necessário construir raciocínios mais sérios que justificassem meus posicionamentos. Algo que fosse além do sarcasmo e transmitisse um embasamento sólido. Passei a escrever textos mais complexos, responsáveis por grande parte da confiança que a internet depositou em mim.

Todo esse material produzido deu origem à primeira edição destas páginas, que publiquei e distribuí de forma independente. Existe um capítulo inteiro sobre como foi esse lançamento e algumas considerações importantes a respeito dos resultados.

A primeira edição do livro é amadora. Quando surgiu a oportunidade de produzir uma segunda edição revisada e ampliada, senti que era a ocasião de adicionar alguns temas importantes que haviam ficado de fora da anterior.

Sei que o anonimato causa desconforto e que a saída mais comum é questionar quais são meus relatos de sucesso para me posicionar sobre empreendedorismo. A verdade é que minha mensagem traz exatamente uma visão oposta, de quem passou por muitas situações e viu de perto que o sucesso não é tão fácil de se conquistar – e que há mais variáveis do que os livros nos fazem acreditar.

A parte boa de não saber minha identidade é que o leitor pode focar nos argumentos de forma imparcial. Não precisa saber a empresa na qual trabalho, meus últimos projetos ou a história da minha vida para aceitar o que eu digo. Os argumentos utilizados aqui devem ser válidos no mundo real, independentemente de quem está dizendo – seja eu um bilionário excêntrico ou apenas um trabalhador comum.

Mas não ache que o escopo deste conteúdo é desestimular o interesse por empreendedorismo; pelo contrário, o objetivo primário é criar uma visão mais realista e pé no chão dos riscos envolvidos no desenvolvimento de qualquer negócio. Como interesse secundário, a pretensão é construir uma percepção mais próxima da realidade, demonstrando que pessoas vivem em condições diferentes e que tudo pode ser mais difícil, ou praticamente impossível, dependendo do seu ponto de partida.

A jornada que apresento é o condensado de todo o conhecimento que acumulei na última década, apontando obras importantes, pensadores que me ajudaram a construir uma visão de mundo e fatos que me fazem desconfiar de que os livros de empreendedorismo estão muito distantes da realidade prática.

Existem apenas duas ideias que espero que o leitor extraia deste trabalho: a primeira é que pensar em risco exige cuidado e planejamento. A segunda é que o mundo é muito maior do que nossa própria experiência pessoal. Compreendendo esses dois princípios, meu papel aqui estará concluído com sucesso.

Evite ouvir conselhos de alguém cujo ganha-pão seja dar conselhos, a menos que haja alguma penalidade para esses conselhos.

Nassim Nicholas Taleb, *Skin in the game*

Eu sou @Startup da Real

> 11 de dezembro de 2017
> **@startupdareal:** Parabéns para todos que sobreviveram a essa segunda-feira, menos você que tem "visionário" como descrição no LinkedIn.
> **@marcogomes:** dsclp se uma jornalista me descreveu assim no TechCrunch

Poderia ser o início de uma treta, já que, na época da conversa, eu sustentava orgulhosamente esse endosso que uma jornalista americana me concedeu como descrição pessoal no LinkedIn. No entanto, foi apenas o começo do meu contato com @startupdareal.

> **@startupdareal:** Esse é o ponto, você é visionário depois que sua visão se provou concreta.

Não era apenas o tom respeitoso com que interagimos que sustentava as especulações quanto à minha dupla identidade. O perfil @startupdareal surgiu no final de 2017, algum tempo após eu vender uma startup no Brasil e me mudar para Nova York. Os conteúdos eram sinérgicos. A concordância entre @marcogomes e @startupdareal era grande; as discordâncias tão racionais e sem o chorume comum em redes sociais que a associação das personas era natural, fazendo-me assumir que, sim, *eu sou startupdareal*.

Mas ele também poderia ser @carolcode, @paulo_caelum... Seria um coletivo?

Eu apreciava o conteúdo que @startupdareal publicava – inicialmente, memes e piadas leves sobre os absurdos da cultura de empreendedorismo em startups de tecnologia.

> **@startupdareal:** Boa tarde para todo mundo que está voltando do almoço cheio de trabalho pra fazer. Menos para o startupeiro que acordou às 13h43 e já falou sobre bitcoin, biohacking, crossfit e tomou seu Bulletproof Coffee.
>
> **@startupdareal:** 18h07 e o startupeiro já pode chamar de preguiçoso o trabalhador cansado que está agradecendo pela sexta-feira.

Era engraçado e realista, inclusive respeitoso com os trabalhadores e com os bons empreendedores de startups que produzem algo de valor, mas acabam com sua imagem contaminada pelo que chamamos aqui de "startupeiros".

Algum tempo depois apareceram os excelentes artigos, bem embasados, profundos e longos. Meu Deus, como são longos os artigos! Nesse momento, eu tive certeza: eu não era o @startupdareal. Mas quem acreditaria?

Comecei a empreender no final do ano de 2006, que ficou conhecido como "o inverno nuclear" no mercado de investimentos de risco em tecnologia no Brasil – o período que vai do fim do estouro da Bolha Pontocom, no início dos anos 2000, até o final da década. Os investimentos de capital de risco só voltaram a ter algum volume no Brasil após 2008. A empresa que fundei em 2007 recebeu rodadas de investimento milionárias, construiu um time de alta qualidade, conquistou milhares de clientes, faturou muito dinheiro, fez sua história no mercado de mídias sociais e influencers no Brasil e foi vendida em 2015.

Tive a oportunidade de viver intensamente o movimento americano e brasileiro de empreendedorismo em tecnologia; participei de eventos do Vale do Silício; conheci gente famosa, bilionários anônimos, estrelas das mais variadas indústrias. Sim, eu também virei noites trabalhando, venci várias lutas, perdi tantas outras, desenvolvi múltiplas doenças físicas e mentais. Mas quem se importa? Eu fui retratado em capas de revistas, documentários, matérias na TV e internet, no Brasil e fora do país.

Conhecendo esse mercado por dentro, e sabendo como o viam olhando de fora, eu ficava decepcionado com a aparente facilidade estampada no discurso startupeiro, que inundava as redes sociais no final de 2017. E isso é também uma autocrítica.

No início de minha jornada como empreendedor, no final dos anos 2000, eu também escrevi artigos defendendo o excesso doentio de horas de trabalho por semana, listei supostas lições de empreendedorismo encontradas em filmes como *O resgate do soldado Ryan*. Precisei de tempo para entender que descanso pode aumentar a produtividade, que as lições de negócios encontradas em bons *cases* e livros de negócios podem ser muito mais profundas e efetivas que tentar inventar metáforas rasas em obras de entretenimento.

Em um país atolado no que parece uma eterna crise, é natural que as pessoas procurem respostas fáceis, atalhos para o sucesso, soluções para ficar rico usando os poucos milhares de reais do fundo de garantia resultante de uma recente demissão. Neste cenário, artigos como "Morrer de trabalhar não é bonito", "Como o

Carnaval afeta a produtividade e economia no Brasil", "Então você não gosta de feriado?", "Como não começar do zero", entre outros, fundamentados em razão, ciência e dados, vão na contramão da ansiedade popular e, exatamente por isso, são muito necessários.

Acreditar que "morrer pobre é uma escolha", que acordar às 5 da manhã vai deixá-lo rico, que gostar de fim de semana faz de você um vagabundo, que todas pessoas ricas são ricas porque se esforçaram, que o esforço individual seria a chave do sucesso financeiro no sistema capitalista – tudo isso é perigoso, pois é empírica e cientificamente errado. Devemos combater essas narrativas não apenas pelo purismo da precisão factual – que já deveria ser suficiente –, mas também por aprofundarem e normalizarem os graves problemas sociais que nos oprimem todos os dias. O mundo é injusto, mas não precisa ser tanto. E uma parte dessa injustiça pode ser combatida simplesmente parando de falar para alguém que ele é pobre porque escolheu ser e parando de publicar no LinkedIn que se é pobre porque não se esforça o suficiente.

O trabalho de @startupdareal tem impacto individual e coletivo. Neste livro, você poderá reconhecer as alavancas que movem a sociedade, entender como pensa um gestor e quais forças influenciam o mercado. Poderá planejar sua reação às provocações, solicitações e expectativas do empresário startupeiro, seja ele seu chefe, fornecedor, cliente ou sócio.

Se conhecimento for poder, @startupdareal é o seu espião no ambiente startupeiro, expondo o vazio do discurso que vemos em posts no Instagram e newsletters que prometem ensiná-lo a "fazer 6 em 7" (faturar centenas de milhares de reais, 6 dígitos, em uma semana, 7 dias). Acúmulo de riqueza é um processo complexo e com múltiplas variáveis – acordar às 5 da manhã e usar a mesma roupa todos os dias não é a chave do sucesso financeiro.

Em pouco tempo, após a interação entre @marcogomes e @startupdareal descrita no início deste texto, eu retirei o "visionário" de minha descrição no LinkedIn...

... e coloquei o reconhecimento *30 Under 30* da revista *Forbes*. Pois é, acho que eu ainda tenho uma dose de empreendedor startupeiro forjada no meu código genético. Talvez eu deva consultar um *coach reprogramador quântico de DNA* para me curar deste mal. Ou, apenas, colocar "Não sou @startupdareal, mas, se me esforçasse um pouco mais, eu poderia ser".

Marco Gomes*

Empreendedor, *30 Under 30* da revista *Forbes* em 2014, premiado como o melhor profissional de tecnologias de marketing do mundo no World Technology Awards e fundador da boo-box, considerada uma das 50 empresas mais inovadoras do mundo pela revista *FastCompan* em 2013 e vendida em 2015.

---

* Nunca teve seu DNA reprogramado.

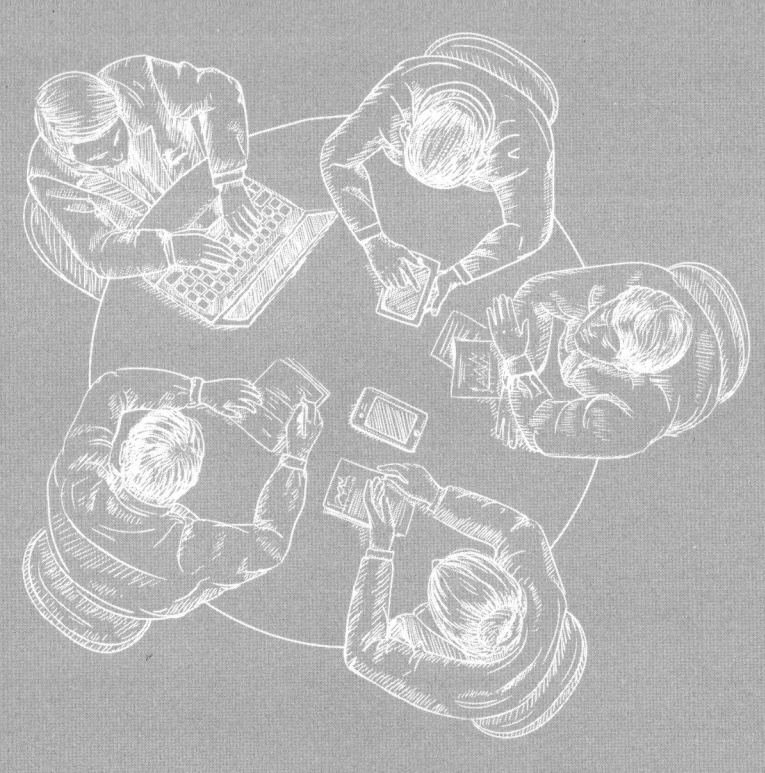

Capítulo 1
Como não começar do zero

Eu também já acreditei nessa história.

As coisas não estão fáceis: o cheque especial no vermelho, juros correndo e cartão de crédito estourado.

A gente precisa de dinheiro.

Sem enxergar um horizonte, perdemos as esperanças. Não vislumbramos perspectiva de mais grana. Dívidas e contas aumentam. O dinheiro vale cada vez menos.

No auge do desespero, alguém bem-vestido e com uma incrível história de superação aparece trazendo a solução mágica. Esse herói moderno não carrega apenas um discurso comovente: ele tem tudo o que você sempre sonhou.

Nos vídeos, ele está sempre arrumado, com um terno que você sabe, só de olhar, que custou mais do que todo o seu salário. Um supercarro e uma casa luxuosa em algum lugar dos Estados Unidos são a cereja do bolo. Um sonho. Nosso personagem tem o que você quer. E está prestes a dizer como você também pode conquistá-lo.

Nenhum elemento é casual. Tudo não passa de um grande teatro organizado para transportar o espectador para outra realidade:

tornar os sonhos palpáveis e, depois de seduzi-lo, vender uma solução mágica.

Histórias de superação vendem bem

Com o passar dos anos, a experiência evidencia alguns padrões. Tanto em filmes que fazem sucesso quanto no relato histórico de grandes personalidades, podemos perceber que as histórias mais cativantes são sempre de superação.

Seja o lutador que apanha por oito rounds antes de nocautear o adversário, seja o pai solteiro que precisa dormir na rua enquanto busca uma oportunidade: a sociedade se move – e comove – com relatos de gente que estava em situação de desvantagem, mas, no fim, alcançou o sucesso.

Essas histórias não são necessariamente ruins. Elas nos fazem sonhar e encontrar esperança quando as chances parecem não nos ajudar. É um lembrete de que existe algo belo no esforço e na persistência.

No entanto, como tudo que vende bem, o modelo acabou replicado à exaustão. Empresas apropriaram-se dessa estrutura narrativa para contar as próprias histórias, não demorando muito para que outros mercados seguissem a tendência.

Agora todo profissional de sucesso tem sua própria jornada do herói.

Quem está familiarizado com livros de empreendedorismo reconhece facilmente o padrão. A linha entre empreendedorismo e storytelling de superação é cada vez mais tênue – sendo muito difícil saber o que é verdade ou fantasia. Mesmo a icônica história da Apple na garagem tem seu exagero. Steve Wozniak, cofundador da Apple e sócio de Steve Jobs, veio a público há alguns anos e revelou que o mito popular de que a empresa teria sido fundada na garagem de Jobs não é bem verdade. Apesar de existir a garagem, nenhuma peça foi construída ou montada lá. Era só um lugar para se sentirem em casa e relaxar.

Todo mundo tem uma narrativa

A vida de qualquer ser humano pode ser organizada em momentos diferentes, cada um deles com particularidades positivas e negativas.

No entanto, na tentativa de dramatizar a própria trajetória e justificar o merecimento por alguma conquista, é comum escolher como vamos contar essa história. Cria-se o que podemos chamar de falácia narrativa.

Mário Santos nasceu numa família de classe média; morava em bairro nobre da cidade onde sempre viveu, estudou em colégio particular, fez aulas de inglês e até ganhou uma medalha de futebol de salão quando tinha 13 anos.

Quando a crise econômica chegou, sua família foi obrigada a se mudar para um bairro de classe média baixa, ele foi matriculado em escola pública e todos os gastos com atividades extracurriculares acabaram cortados.

Mário, agora com 17 anos, está próximo de prestar o vestibular. Mesmo cursando o último ano do Ensino Médio em escola pública, toda a trajetória até então havia sido feita em bons colégios particulares. Para compensar a queda na qualidade do ensino, Mário precisou se dedicar bastante aos estudos. Foi aprovado em Engenharia Civil numa universidade federal.

Corta para o futuro.

Nosso personagem é presidente de uma grande empresa. Viaja o país dando palestras sobre sucesso profissional. Reeditando a história de sua vida, Mário conta como era morar num bairro pobre e como, mesmo estudando em escola pública de periferia, foi capaz de ser aprovado no concorrido vestibular de Engenharia. "Comecei do zero e, com muito esforço, cheguei até aqui."

O que precisa ficar claro nesse modelo de narrativa é que nada do que foi dito pelo Mário Santos do futuro, presidente de empresa, é mentira. Todos os elementos são verdadeiros, inclusive a parte sobre se esforçar para passar no vestibular.

O que torna a história incoerente é criar um recorte específico para transmitir uma mensagem tendenciosa. São fatos, mas a forma como a narrativa foi construída cria uma história falsa.

Esse modelo tem sido cada vez mais comum em histórias de sucesso: ocultar elementos que denunciariam certo privilégio e focar apenas nas adversidades, fazendo parecer que tudo foi mais difícil do que a realidade.

Tem um texto, do qual gosto muito, que explica bem esse tipo de construção. A história fala sobre um menino que jogava futebol muito bem, mas que, sempre quando alguém estava assistindo, gritava de dor e começava a mancar. Sua resposta é muito parecida com os contos de diversos empreendedores de sucesso:

> Eu manco para o jogo parecer que está mais difícil para mim [...] Todo mundo vai reparar que eu meu esforcei, porque estava jogando machucado. Tanto faz se vamos ganhar ou perder. As pessoas vão ver que eu joguei machucado, e serei um herói de qualquer maneira.

O deslize da exceção bem-sucedida

A maioria da população vive em condições desiguais. Os motivos podem variar muito. O que confunde o debate é essa enorme granularidade de desigualdades.

Mulheres com o mesmo preparo que homens tendem a ganhar salários menores, receber menos propostas de emprego em relação a eles e, até mesmo na universidade, sofrem na correção de suas provas, recebendo piores notas.

O mesmo também acontece com negros, membros da comunidade LGBTQI+ e, dependendo da origem, estrangeiros. Como agravante, grande parte dos preconceitos pode ser cumulativa – como negros trans ou mulheres negras.

São preconceitos estruturais da sociedade. Desigualdades que, para serem corrigidas, exigem um longo processo de educação e políticas públicas. Existe também, é óbvio, outro tipo mais amplo: a popular barreira financeira. Para pobres, alcançar algum nível de sucesso financeiro notável é extremamente mais difícil do que para pessoas que nasceram em classe média alta ou famílias realmente ricas.

Dados do Global Entrepreneurship Monitor mostram que mais de 80% do financiamento para novos negócios vêm de economias pessoais, familiares e amigos. O custo médio para fundar um novo negócio nos Estados Unidos gira em torno de 30 mil dólares.

No entanto, basta começar a enumerar os obstáculos para que se aponte algum caso de sucesso, alguém que passou por eles e tornou-se bem-sucedido. Sabemos que esses casos existem. Mas o que eles nos dizem?

Logo de cara, pessoas em situações desfavoráveis que alcançaram algum status de sucesso de fato podem sinalizar que não é impossível ascender socialmente. O que não podemos – e é aí que devemos ficar atentos – é extrapolar essa lógica. Não podemos transformar exceções em regra. Do contrário, exceções bem-sucedidas – aqueles em situação de desigualdade que, de alguma forma, tornaram-se referência de sucesso – acabam, de maneira sutil, deixando de ser só um exemplo. Saindo do "é possível" para um ponto comparativo de opressão.

Em vez de trazer um discurso compreensivo e encorajador – "vamos tentar porque é possível, mesmo que as chances sejam poucas" –, o que acaba acontecendo é o contrário: o menosprezo das dificuldades e a inversão do peso da culpa em cima de quem precisaria de incentivo. E a motivação acaba sendo substituída pela culpa: "Tá vendo? É só se esforçar que você consegue". Ignoram-se os problemas e culpa-se quem está em desvantagem social.

O discurso ingênuo e os riscos ocultos

É compreensível que exista um amplo mercado e – reconheço – até mesmo uma necessidade para materiais que mantenham empreendedores encorajados e focados. Empreender é uma tarefa extremamente complicada. Há medos, ansiedades e frustrações difíceis de descrever para quem não está no olho do furacão.

O problema ao transformarmos esse tipo de conteúdo em modelo de negócio é o caminho óbvio de expansão: quando precisamos crescer e o mercado de empreendedores é escasso, o movimento óbvio é incentivar mais pessoas a empreender.

Para seduzir um novo público, o discurso precisa sofrer algumas mudanças sutis. O que antes era um abraço compreensivo e honesto sobre riscos e dificuldades se tornou um apelo raso por sonhos e possibilidades.

Assim como na retórica de oportunistas religiosos, vendedores de sucesso apontam os discursos exatamente para aqueles em situação vulnerável, prometendo que basta querer e se esforçar para alcançar tudo o que sempre sonharam.

Incentivo e esperança nunca parecem algo negativo. Eis o principal motivo de tal modelo de negócio não possuir maior resistência. Por mais que as pessoas enxerguem a falta de profundidade e os erros do que está sendo dito, o discurso acaba sendo justificado pelo simples "mas tem gente que precisa de motivação, que mal pode fazer?".

Quando falamos de um jovem de classe média que recebeu 10 mil reais de dona Maria, a avó paterna, para investir no sonho de ter uma loja on-line de camisetas, os riscos parecem simples – e a motivação superficial pode não trazer tantos danos assim.

O problema é que essa é uma fatia muito pequena do recorte de quem é afetado por esse tipo de material. O conto do sucesso tem sido cada vez mais direcionado para indivíduos em real situação de vulnerabilidade, gente com dívidas graves, empregos ruins e muitas responsabilidades familiares.

Então, o risco de empreender tende a seguir oculto e camuflado pela motivação cega. É aqui que normalmente entra o apelo do tipo: "Mas o Marco Gomes era pobre e conseguiu. Saiu do Gama, na periferia do Distrito Federal, e fundou uma empresa milionária! Você também pode! É só se esforçar!".

Como exemplos de sucesso facilmente ganham a atenção da mídia, não é difícil cair no viés de confirmação. Como não ouvimos falar dos milhões de outros casos que não deram certo, daqueles que perderam todas as economias, prejudicaram as famílias e muitas vezes não conseguiram mais se reerguer, seguimos achando que basta tentar que o sucesso vem.

A impressão geral é que, como são tantas as histórias de sucesso, estas só podem mostrar que não é tão complicado assim. A verdade, porém, é que, para cada uma delas, milhões de outras pessoas destruíram a vida tentando.

Qualquer estatística simples pode mostrar que a taxa de mortalidade das empresas é bem alta, maior ainda naquelas com poucos ou nenhum funcionário – justamente o caso de quem está começando de baixo.

A situação é ainda mais difícil quando falamos sobre a sobrevivência das startups, que não estão iniciando com um modelo de negócios já validado no mercado, como mostra a reportagem do jornal *O Globo*:

> RIO – A taxa de mortalidade das startups chega a 75%. O número é da especialista Lindália Reis, uma investidora anjo que comanda a Ions Inovation. Ela participou ontem do debate "Start Up – Inovar ou Estagnar" – do evento Portugal 360, que acontece até o próximo domingo na Cidade das Artes. Segundo Lindália, o maior problema envolvendo as empresas que estão começando envolve a briga de sócios e não questões financeiras.

Quando histórias de superação são deslocadas do eixo da possibilidade e acabam virando discurso cego pela busca de sonhos, milhares se dispõem a assumir riscos que não enxergam, amargando consequências muitas vezes enormes.

É inegável que o mundo precisa de empreendedores e que o benefício desses negócios para a sociedade é enorme. Também não podemos negar que grandes riscos podem trazer recompensas ainda maiores.

Mas não é ético reduzir todas as variáveis ao simples argumento do esforço, ocultando as dificuldades que até mesmo quem está em situação de privilégio – nascendo em família rica, tendo frequentado boas escolas e contando com recurso para investir – precisa enfrentar para construir qualquer sucesso. Quando o palestrante do LinkedIn simplifica as variáveis ao dizer "é apenas mimimi", ele gera um impacto maior do que a gente pode imaginar.

Não existe receita de sucesso

Homens de negócios são péssimos conselheiros. A afirmação parece contraintuitiva quando nos lembramos de todos os cursos de empreendedorismo, palestras de sucesso e livros empilhados na prateleira de Administração da livraria. No entanto, faz muito sentido quando analisamos mais a fundo.

A primeira vez que ouvi a frase foi num curso de empreendedorismo que fiz fora do país. Obviamente, depois de ler todas as obras dos grandes homens de negócio, esse tapa da realidade me incomodou.

O facilitador do curso, que foi meu mentor por algum tempo, explicou bem os motivos. Nas minhas anotações do segundo dia de curso, escrevi o seguinte.

Homens de negócio são péssimos conselheiros, por três motivos:
1. Eles não se importam com você.

2. Não conhecem seus clientes.
3. Não têm a pele em jogo. Se o conselho estiver errado, eles não perdem nada.

Um modelo clássico utilizado na venda de empreendedorismo é o estudo de *cases* de sucesso. Observar de perto como um grande milionário traçou o percurso e deduzir que, copiando seus passos, o resultado pode ser igual. A teoria seria boa – se estivéssemos falando de matemática. João utilizou uma fórmula para solucionar um problema; logo, se eu utilizá-la, posso alcançar o mesmo resultado.

O primeiro ponto que nos leva a considerar que esse modelo de receitas de sucesso não funciona é saber que existem inúmeras variáveis que desconhecemos. Podemos elencar várias: quantidade de recursos disponíveis para insistir numa ideia; momento do mercado; maturidade dos clientes; concorrentes que estão na mesma briga; e, até mesmo, problemas menores que possam trazer impactos inesperados.

Uma das maiores dificuldades, por exemplo, é encontrar um consenso entre os sócios sobre a direção que a empresa deve seguir. E não importa a quantas palestras e aulas você assistiu – todo negócio é único.

O segundo ponto: todos os *cases* de sucesso são maquiados. Situações que muitas vezes são pura sorte acabam sendo reescritas, por conveniência, como decisões estratégicas. Grande parte da vida é desinteressante. E uma história, sempre que é contada para vender, sofre modificações.

A primeira startup onde trabalhei, por exemplo, teve a sorte de encontrar um único cliente que, sozinho, trazia mais receita do que todos os outros quinhentos contratos. O cliente surgiu por acaso, sem nenhum tipo de procura.

Quando o modelo de negócio é vender *cases* de sucesso, fica difícil assumir que o acaso tem papel importante no desenvolvimento de qualquer negócio. É mais fácil dizer que, sabendo o caminho, não existe chance de dar errado.

A ciência, entretanto, nos traz indicativos de que o papel da sorte é maior do que as pessoas tendem a considerar. Um artigo publicado na *Scientific American* demonstra que, na maioria das vezes, nem todo o talento do mundo pode superar um acontecimento ruim, da mesma forma que pequenos eventos de sorte influenciam bastante o resultado final.

A imagem a seguir representa uma simulação de computador em que foram definidos dois indivíduos: à esquerda, temos a pessoa (a), alguém com talento menor, mas que foi exposta a eventos de sorte. Do lado direito, temos (b), alguém com muito mais talento, que foi exposto a um único evento de sorte. A projeção demonstra como a sorte ou a falta dela – exposição a situações fora do controle que podem ser muito positivas ou negativas – impacta o sucesso de uma pessoa. Mesmo com menos talento (T), aquele que teve mais sorte ao longo do tempo alcança um sucesso maior.

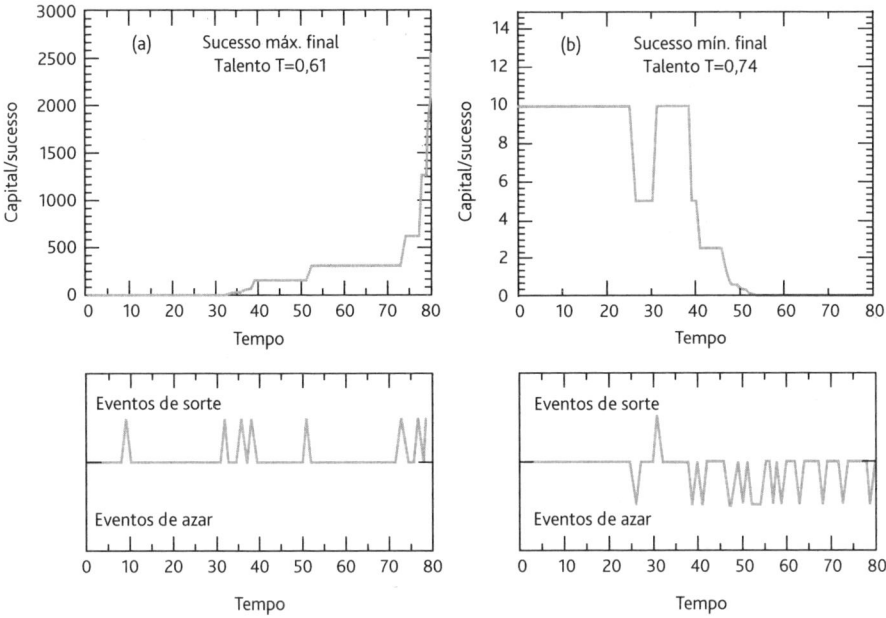

Fonte: *Scientific American*. In: Pluchono, Biondo e Rapisarda, 2018.

Para entender melhor como receitas de sucesso ocultam variáveis e tentam fazer tudo parecer mais simples do que a realidade, vamos analisar um vídeo popular que circulou na internet.

Como não começar um negócio

O vídeo traz um vendedor de água ensinando como sair da crise. Não é nenhuma surpresa que o autor tenha um canal de empreendedorismo no YouTube e que sua mensagem final seja "a crise está em você".

A simplificação ingênua inverte a direção do problema. Aqui alguém pobre se torna responsável pela própria situação. A frase soa bem em textos do LinkedIn, mas basta examinar os dados para saber que não é bem assim que funciona.

Com raríssimas exceções, uma pessoa pouco pode fazer para sair da pobreza. É possível conseguir uma melhora relativa, mas a real mobilidade social ainda é muito rara no Brasil.

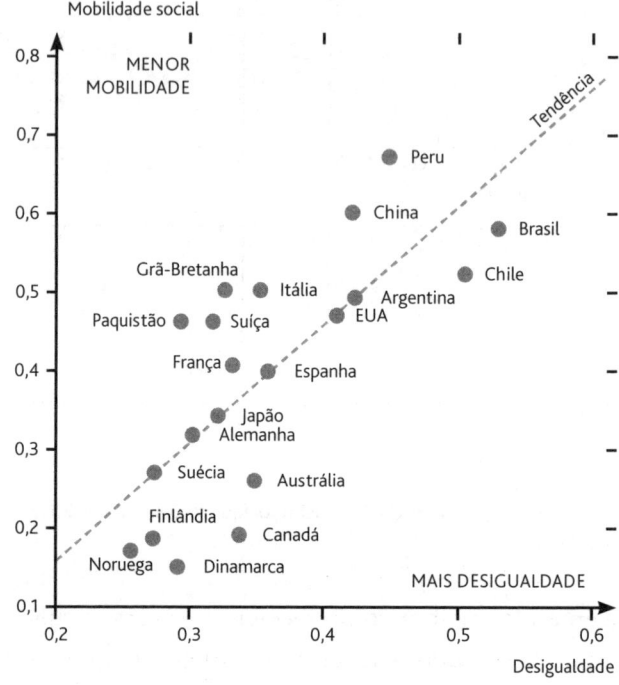

Fonte: *Nexo Jornal*.

A ideia do vídeo é simples: se você está desempregado, basta pegar 10 reais emprestados e ir até a Central do Brasil, comprar um pacote de água mineral com doze garrafas e meio saco de gelo. Depois, é só descer até Copacabana e vender na praia. Na teoria, como você gastou 10 reais e vendeu cada água por 4 reais, voltaria para casa com 40 reais no bolso. No dia seguinte, é só expandir a operação seguindo o mesmo modelo.

O vídeo tem um truque clássico que faz você não questionar os buracos na lógica: quando fazemos conta bem rápido, as pessoas têm dificuldade em acompanhar os cálculos mas tendem a acreditar no que estamos falando sem conferir os dados. Como muitos têm um pouco de medo de matemática, contas assustam e evita-se questioná-las.

Mas onde está a falha no modelo? Nos custos invisíveis.

Uma grande lição que todos devemos aprender é o chamado problema mapa-território, uma metáfora utilizada para explicar o distanciamento que modelos teóricos têm da realidade.

Um mapa, por mais preciso que seja, é apenas uma representação simplificada de um território, um local que podemos percorrer fisicamente. De todos os erros que existem na ideia das receitas de sucesso, o mais crítico é o quanto estão distantes de uma abordagem prática. Receitas soam bem, e muitas vezes conseguem passar como plausíveis, mas falham quando se chocam com o mundo real – assim como o mapa.

Essa é inclusive uma crítica bem comum feita aos planos de negócio. Por trabalharem com muitas suposições, existe uma série de elementos ocultos que não são estimados – e sempre surpreendem na hora da execução.

Imagine que você resolveu seguir o conselho do vendedor de água. Bateu na porta do vizinho, pediu 10 reais e seguiu para a Central do Brasil. A primeira etapa seria chegar até a Central do Brasil, o que tem o custo de 4,20 reais do trem. Somando aos 4 reais do ônibus para Copacabana, já se foram 8,20 reais de custo oculto. Usando a integração do RioCard é possível reduzir o gasto para uma única passagem, caso a baldeação seja feita em até duas horas e meia. Existe uma série de limitações para o uso dessa integração. Mas vamos supor que você consiga. Ainda teríamos um custo inicial de 4,20 reais, quase metade do orçamento total.

Fiz algumas pesquisas sobre o preço da água e do saco de gelo no Rio de Janeiro, e não encontrei nada mais barato que 1,05 real por garrafa e 10,90 reais o saco pequeno de gelo. Mesmo considerando – *ad absurdum* – meio saco de gelo por 5 reais e a unidade da água mineral por 40 centavos, forçando para a conta fechar em 9,80 reais, existe ainda o custo do transporte, que impossibilita o modelo.

Você ainda precisará comer, provavelmente pagar propina para a polícia não levar a mercadoria, voltar para casa, pagar algumas contas que devem estar vencidas e custear despesas da vida – mas não conseguimos enumerar todas elas.

Poderíamos modificar o exemplo com outros produtos mais baratos e outras abordagens, mas a ideia é só demonstrar como modelos que na teoria parecem funcionais, na prática, não são aplicáveis.

O mais curioso é que estamos falando de um orçamento de 10 reais para sair de casa e vender água. Agora, imagine quando falamos de negócios complexos com um conjunto maior de variáveis.

A ética da motivação

Muita gente diz que Startup da Real é pessimista e que mata a motivação dos empreendedores. Acusam-me de atrapalhar aqueles que estão tentando seguir seus sonhos.

Não é o que faço.

Com o discurso de motivação se tornando cada vez mais distante da realidade, alguém precisa fazer a contrapartida e mostrar onde estão os erros. Não sou contra empreendedorismo e muito menos quero que as pessoas parem de seguir seus sonhos. Faço questão de divulgar iniciativas que considero positivas, mas também acho que deve existir uma ética muito forte para não transformar essa suposta boa intenção em algo superficial e extremamente arriscado.

É muito fácil dizer o que fazer quando não é você quem está correndo o risco. Nadar na praia é muito gostoso e podemos incentivar que os outros façam o mesmo, mas não posso convencer alguém a entrar na água com tubarões sem explicar exatamente quais são os riscos. Menos ainda posso dizer, depois que a pessoa assumiu riscos sem saber: "Mas eu consegui, ela deveria conseguir também".

O problema de todo o teatro empreendedor é vender modelos de sucesso em vez de conhecimentos técnicos em administração, marketing e tecnologia. Eles são replicáveis na hora de montar um negócio. Todo o resto se aprende trilhando o caminho.

Reduzir tudo a mérito é tão absurdo quanto reduzir tudo à sorte. O mais honesto é assumir que precisamos fazer nossa parte, mas reconhecendo que existem muitas condições que estão fora do nosso controle.

Capítulo 2
É melhor você terminar essa faculdade

Pelo menos uma vez por dia eu caio em algum post com uma foto do Bill Gates, uma frase motivacional dizendo que ele não terminou a faculdade e uma *punchline* frisando que o amigo dele que se formou engenheiro agora é só mais um funcionário da Microsoft.

Toda página startupeira tem um tópico assim. Uma *thread* listando vários empreendedores que abandonaram seus cursos em universidades de renome para empreender e agora são bilionários (palavra que startupeiros gostam muito).

- Michael Dell – Dell
- Steve Jobs – Apple
- Bill Gates – Microsoft
- Evan Williams – Twitter
- Mark Zuckerberg – Facebook
- Larry Ellison – Oracle
- Jan Koum – WhatsApp
- Travis Kalanick – Uber

Mas qual é a real? Você pode largar a faculdade e se tornar bilionário? Ver pessoas com nível superior procurando emprego de 800 reais é um sinal de que isso não significa nada?

Uniqualquer não é Harvard

É muito bonitinho você estudando numa uniqualquer querendo se comparar com o rapaz que abandonou a Universidade Harvard. Os critérios para entrar nas grandes universidades norte-americanas são altos. Existem exceções, mas, por padrão, o jovem que está lá – só por estar lá – já tem um diferencial. Nem que seja a grana e o nome do pai.

Entrar numa faculdade particular em terras tupiniquins não exige muito além de pagar a mensalidade. Não serve de filtro e não adiciona nada que possa ser usado para comparar você com o Mark Zuckerberg.

Os grandes empreendedores largaram a universidade

Aqueles que abandonaram seus cursos para empreender e se tornaram bilionários, em sua maioria, não fizeram isso de forma inconsequente. Eles construíram um negócio e só depois largaram os cursos.

Usar essa narrativa para justificar não fazer um curso superior ou para largar o curso *antes* de ter um negócio é estupidez. O próprio exemplo citado, Bill Gates, voltou para pegar o diploma depois de velho – reconhecendo a importância do título.

Não confie no ovo dentro da galinha

Outra coisa que todo mundo esquece: negócios normalmente não dão certo. A maior parte deles vai à falência. Qualquer estatística pode mostrar isso. Com startups, o índice é ainda maior, em especial porque muitas deixam de existir antes de entrar na fase formal – e, portanto, nem aparecem nos levantamentos.

Se seu negócio disruptivo e inovador não der certo (spoiler: não vai dar), é importante que você ainda tenha um emprego e uma profissão na manga. A menos que sua família rica despeje dinheiro em cima de você até uma de suas ideias vingar, você vai precisar trabalhar para pagar suas contas.

"Mas que visão derrotista, Startup da Real. Você já começa pensando que não vai dar certo... Assim, não vai dar mesmo." Uma coisa é confiar em sua capacidade e saber que vai fazer o seu melhor. Outra coisa é confiar tudo o que tem em algo que não depende só de você. Excesso de confiança costuma ser um problema maior do que a falta dela.

Baixa essa bola aí, meninão.

Você precisa ter conhecimento de verdade

Eu sei que o Nerdologia é um canal do YouTube muito interessante, e que você agora acha que sabe tudo sobre psicologia, economia, história e tecnologia. Também sei que você leu o primeiro parágrafo da página sobre inteligência artificial na Wikipédia e agora imagina que pode construir um carro autômato e fundar a Tesla brasileira. Sem falar em todas as horas de TED Talks que o transformaram em um grande especialista em aprendizado, produtividade e economia.

Eu sei: parece mesmo que dá para aprender tudo em vídeos de sete minutos na internet. Mas só parece. Todo esse entretenimento de conhecimento é, sim, interessante. Serve como fonte de acesso a novos assuntos. Dá um gostinho do conhecimento e pode lhe apresentar novas ideias. Mas – e isto é crucial – não passa disso.

Imagine um psicólogo. O profissional leva anos estudando diversas matérias que interagem com o mesmo assunto, absorvendo conhecimento de diversas perspectivas, com abordagens variadas e estudos de casos, incluindo as inúmeras exceções que existem para tudo. Não é assistindo a vídeos no YouTube que você vai acumular a mesma bagagem. O mesmo serve para praticamente todas as áreas de conhecimento.

O problema desse tipo de entretenimento é que eles transmitem a falsa sensação de saber tudo sobre um tema, sem que a pessoa entenda quanto ainda falta saber. No fim, temos um exército de jovens arrogantes tentando explicar Física Quântica para doutores. Pior ainda, temos jovens querendo inovar e desenvolver empresas em áreas sobre as quais não sabem o mínimo necessário – mas nas quais acreditam ser especialistas.

Reconheça suas desculpas

No fundo, todo mundo sabe que você quer largar a faculdade porque não aguenta mais. Está cansado, as matérias são chatas e você está de saco cheio dela. Comparar-se a bilionários que abandonaram os cursos e se deram bem na vida é uma desculpa conveniente, mas um péssimo argumento. Você pode até tentar se enganar acreditando nisso, mas todos ao redor sabem que não é a verdade.

Uma universidade, mesmo que ruim, traz o benefício de colocá-lo em contato com outras pessoas com as quais pode discutir ideias e debater novos assuntos. De dentro do quarto é fácil achar que entendeu algo e seguir com a compreensão errada. A faculdade também é o lugar onde você pode encontrar um sócio, um parceiro de trabalho ou conhecer professores capazes de lhe indicar gente importante. Inclusive, ela abre portas para editais de incentivo e incubadoras.

Não ache que ela será a solução da sua vida e que irá deixá-lo rico, mas também não pense que abandonar o curso e empreender dará certo só porque você acredita nisso.

É preciso tentar eliminar todos os riscos. Fazer um curso superior garante o mínimo de aprofundamento, contato com pessoas interessantes e uma profissão. Se você for bem-sucedido, um diploma não fará mal. No entanto, se o negócio não der certo, ter um diploma pode representar contas pagas no fim do mês.

Capítulo 3
Existe estabilidade?

Um discurso bem comum em páginas de empreendedorismo é o papo de que estabilidade não existe. A narrativa é traiçoeira. Soa contundente para quem bate ponto às 8 horas da manhã e escolhe qual boleto vai deixar de pagar no fim do mês. O medo de perder o sustento é verdadeiro e, por esse único motivo, trata-se de um ponto muito atacado por quem tenta vender empreendedorismo – conceito importante de se ter em mente, assim como a noção de montar um negócio como se fosse um simples produto.

Todo bom vendedor sabe de cor as objeções de seus clientes, treinando e desenvolvendo argumentos para convencer os interessados de que a compra é uma boa escolha e de que seus medos são injustificados. É com essa mentalidade que entra o ataque à ideia de estabilidade. Para quem vende empreendedorismo, o maior inimigo da venda é o medo que os clientes têm de ficar sem emprego. Não pagar as contas e deixar a família em condições difíceis.

O discurso segue convincente. Notícias de que o desemprego está em alta e servidores públicos sendo exonerados são compartilhadas como corpos de inimigos em campos de batalha. "Vejam como estou certo, estabilidade não existe!", afirma em tom enérgico o rapaz de camisa Dudalina e Rolex cromado enquanto passeia de carro por alguma cidade da Flórida.

Para o olhar desatento, a afirmação parece verdadeira: se pessoas que trabalharam anos em empresas são demitidas e servidores que fizeram concurso podem ser exonerados, essa tal estabilidade não deve existir mesmo.

O mundo, porém, não é tão preto e branco.

Esse tipo de argumentação utilizada por vendedores de empreendedorismo já é bem conhecido, sendo frequentemente encontrada em debates políticos.

É o conhecido falso dilema, uma falácia lógica que estabelece pontos de vista como opostos excludentes, sem apresentar um meio-termo ou definir nuances que possam permitir uma opinião parcial sobre o assunto. O objetivo é estabelecer a situação como certa ou errada, como quem diz: "Se eu provo que um ponto está errado, obviamente minha visão é a única certa".

Sendo assim, se estabilidade não existe, você precisa empreender. A distorção aqui é criar a falsa impressão de oito ou oitenta, eliminando qualquer possibilidade entre estabilidade e caos absoluto.

É claro que a possibilidade de perder o emprego sempre existe, mas é inegável o fato de que há empregos mais seguros que outros. Estabilidade não é uma condição binária, mas uma escala que pode variar entre muito arriscado e muito seguro.

Um analista judiciário concursado do Tribunal de Justiça do Estado de São Paulo que não cometeu nenhuma ilegalidade tem chances muito menores – estatisticamente nulas – de perder o emprego do que o garçom que trabalha no restaurante japonês da esquina ou até mesmo um analista de sistemas terceirizado em alguma telecom.

Da mesma forma, qualquer um em regime CLT tem chances menores de ficar sem pagar as contas do mês do que alguém que decide abrir uma empresa. Principalmente gente com pouco potencial de investimento e que conta só com o próprio dinheiro.

Para uma pessoa comum que trabalha das 8 horas da manhã às 6 da tarde, regula o dinheiro para chegar ao fim do mês e tem dificuldades de depositar 5% do salário para ter uma poupança quando a filha precisar fazer um tratamento de canal, essas nuances no risco de cada atividade são cruciais. E fazem toda a diferença na hora de decidir que caminho tomar.

Uma empresa demora em dar lucro. Qualquer negócio, por mais simples que seja, não retorna os investimentos rapidamente – considerando, é claro, quem tem dinheiro para investir – e só depois de certo tempo começa a virar a balança.

Negócios em fase inicial têm muito mais chances de falir do que um empregado com trabalho formal tem de perder seu emprego. Um discurso de vendas destinado a desmerecer o medo e a insegurança, convencendo pessoas a abandonarem empregos e assumir riscos dessa dimensão, é perigoso, quando não, imoral.

Qualquer um que fale sobre empreendedorismo deve focar em quão arriscado é o processo e no tamanho das chances de não dar certo. Não o oposto. É preciso ser extremamente realista ao assumir riscos.

Não deve existir espaço para ações impulsivas.

Nem todo mundo nasceu para empreender. Começar um negócio é arriscado e existem diferentes níveis de risco para conquistar a estabilidade de cada estilo de vida. É aceitável, e até positivo, encorajar o interesse de quem deseja empreender e aprender mais sobre o assunto. No entanto, tratar empreendedorismo como um produto, apoiando a venda com argumentos que enganam a percepção das pessoas, pode destruir vidas.

No fim, quando o empreendedor falido que vendeu carro, usou suas economias e tem de seguir pagando contas precisar de ajuda, quem o convenceu a assumir tamanho risco não estará lá para socorrê-lo.

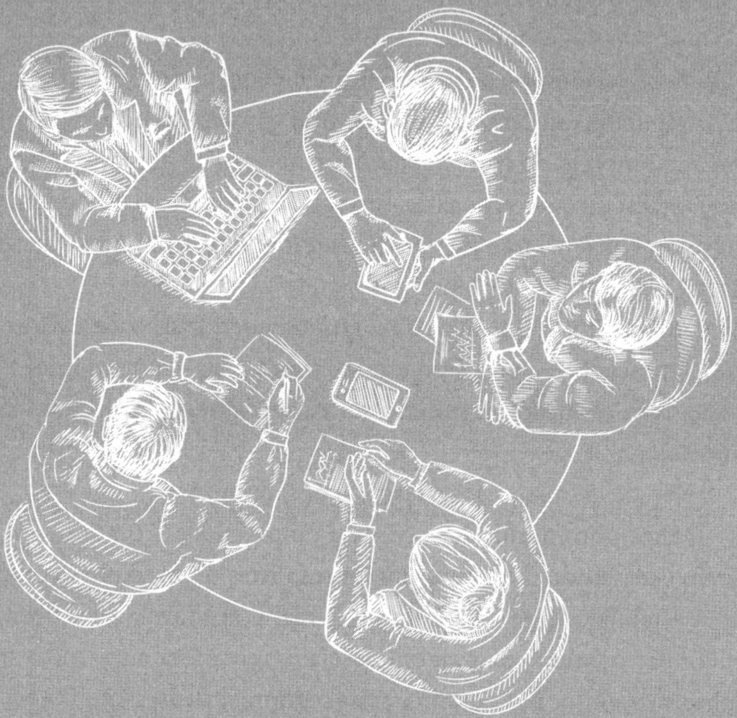

Capítulo 4
Morrer de trabalhar não é bonito

Não faz muito tempo, ouvi o diretor de uma empresa comentando que odeia funcionário saindo na hora que acaba o expediente. "*É gente sem comprometimento: dá 18 horas, larga tudo pela metade e vai embora.*" Para ele, cumprir o que foi combinado no contrato de trabalho beira o absurdo. E não é um caso isolado. De fato, na cultura empresarial, fazer apenas aquilo pelo qual foi contratado é visto como grande pecado.

Mas ainda pode piorar.

Quando comecei a vida profissional, a tecnologia não era como hoje. E-mails eram utilizados estritamente para relações profissionais e receber desenhos em PowerPoint daquela tia que havia acabado de comprar seu Pentium 133. Poucos utilizavam internet, e a comunicação on-line era mais rara e restrita ao pequeno nicho de nerds que exploravam as novidades da tecnologia.

Todo mundo acreditava – e muitos ainda acreditam – que a tecnologia estava chegando para nos salvar. Com computadores, poderíamos trabalhar menos e produzir mais. Hoje, trabalhamos não apenas quando estamos sentados dentro do escritório. Nosso trabalho vai para casa conosco, dentro do bolso.

Ao contrário da expectativa, o ser humano nunca trabalhou tanto. Essa não é uma preocupação nova. Em 1850, o filósofo Henry David Thoreau já escrevia:

> A excessiva lida torna-lhe os dedos demasiado trêmulos e desajeitados para isso. Na realidade, o trabalhador não dispõe de lazer para uma genuína integridade dia a dia, nem se pode permitir a manutenção de relações mais humanas com outros homens, pois seu trabalho seria depreciado no mercado.

Há quase duzentos anos já era observado que o excesso de trabalho prejudicava a saúde dos trabalhadores, privando-os das necessidades humanas mais simples. Thoreau teria sérios problemas na sociedade atual.

Contratos são vistos de forma unilateral

Na sociedade moderna, relações de trabalho legais são estabelecidas de forma contratual. Um funcionário, ao ser aceito numa empresa, assina um termo que descreve – ou deveria descrever – o que é esperado dele enquanto trabalhar lá. Teoricamente, o contrato estipula quantas horas de trabalho devem ser cumpridas, prevê períodos de pausa e as atividades que serão desempenhadas. Não tem segredo.

O problema é que, convenientemente, empregadores se esquecem disso. Os pequenos favores após o horário do expediente começam de forma sutil. Quando nos damos conta, o novo padrão é trabalhar algumas horas a mais. Pior ainda: o mesmo otimismo na flexibilização das regras não é transmitido para o profissional, que, em geral, sofre um tratamento hostil quando precisa se ausentar para uma consulta médica ou resolver problemas pessoais.

Seja de maneira clara, pedindo para que evite sair e deixe para resolver seus problemas aos finais de semana – "horário de trabalho é para trabalhar" –, ou velada, franzindo a boca e forçando para demonstrar descontentamento físico, o pequeno favor da noite anterior é rapidamente esquecido quando é a outra ponta do contrato que precisa. O que podemos observar nessa agressividade é o abuso na relação de poder entre as cadeias hierárquicas nas empresas.

Os prejuízos de quem gosta de se matar de trabalhar

Uma cultura que exige entrega excessiva ao trabalho não se sustenta sozinha. Se fosse apenas uma relação de poder entre empregadores e empregados, seria muito mais simples suprimir esse comportamento. No entanto, outros empregados validam as cobranças e dão força para as exigências.

Funcionários aprendem rápido que exaltar trabalho, ficar algumas horas a mais todos os dias e fazer posts no LinkedIn chamando outros de preguiçosos são atitudes de rápido retorno.

Empregadores adoram essas pessoas. Funcionários tóxicos são facilmente premiados e promovidos. Com o incentivo, o comportamento é reforçado e outros passam a imitá-lo.

Não demora muito para que quase todos os gestores sejam carrascos intolerantes. E os funcionários passem a tentar impressioná-los, ficando até mais tarde por conta própria, comendo rápido sem aproveitar o horário de almoço e respondendo a e-mails de trabalho tarde da noite, quando já estão em casa.

À primeira vista, pode parecer que essas pessoas estão trabalhando mais, mas o que vemos, na prática, é a realocação das tarefas no tempo disponível. A lei de Parkinson é uma leve sátira, mas nesse caso se aplica muito bem: "O trabalho se expande de modo a preencher o tempo disponível para a sua realização".

Um funcionário, quando entende que seu novo horário não é mais das 8h às 18h, mas até as 20h ou 22h – seja por imposição ou para impressionar –, repensa a forma como organiza as atividades.

Suas tarefas passam a ser feitas com menos urgência e organizadas para preencher o tempo disponível. É um engano muito comum acreditar que mais tempo se converte em mais atividades realizadas.

Quando a cultura é estabelecida e as pessoas ficam no trabalho até mais tarde, mais recursos são consumidos desnecessariamente. Quantos prédios comerciais não deixam centenas de lâmpadas acesas e ares-condicionados ligados esperando uma única pessoa sair à meia-noite?

Não precisa ser médico para deduzir que alguém que trabalha entre doze a catorze horas por dia não faz exercícios físicos e, pela falta de tempo, alimenta-se mal. Com a imunidade baixa, não demora muito para que gripes e resfriados apareçam. Também é comum que se orgulhe de trabalhar tanto e aparecer na empresa doente, ostentando cartelas de remédio espalhadas pela mesa. Quem gosta de sinalizar esforço não vai perder a chance de mostrar que é tão comprometido que foi trabalhar mesmo doente.

É bem difícil que alguém doente produza com qualidade. É esperado que, nesse estado, cometa erros grosseiros que custam caro. Pode ocorrer algo a mais sério ainda: o resfriado que teria cessado com um dia de repouso evolui para algo mais grave, impossibilitando o indivíduo de trabalhar por vários dias e causando os verdadeiros prejuízos que poderiam ser evitados.

O Japão é citado com frequência de forma positiva por quem gosta de impor rotinas de trabalho extremas e condições hostis. Gostamos de exaltar seus belíssimos resultados, mas a cultura de trabalho no país é tóxica e pessoas literalmente morrem de tanto trabalhar. Lá existe até uma palavra para isso: *karoshi*.

Sua vida não é seu trabalho

A necessidade de dinheiro e a cobrança social pelo sucesso profissional criam um triste dilema. Se você não dedicar a vida ao trabalho, seu valor social é percebido como menor e, em geral, como o único culpado por todos os seus problemas financeiros. "Está passando dificuldades porque não se esforçou de verdade."

Muita gente se mata de trabalhar para não se sentir culpado pelo péssimo salário que recebe. Com isso, o tempo de lazer é substituído por palestras sobre trabalho; os livros de fantasia, trocados por livros de negócio que ensinam atitudes para impressionar o chefe. Quando você se dá conta, está vivendo para o trabalho dentro e fora dele.

A rotina comum para quem vive de trabalhar é sair de casa quando os filhos ainda não acordaram e voltar quando já estão dormindo. Seus interesses pessoais vão desaparecendo, e sua personalidade não é mais profunda do que o cabelo penteado de lado, o sorriso plástico e o terno sem caimento que podemos ver em qualquer capa da *Você S/A*.

Não existe nada de errado em ser bom profissional, investir no aprimoramento e querer uma boa carreira. Essas são características admiráveis que devem ser incentivadas. No entanto, a tênue linha entre ser um bom profissional e ser relapso com a própria saúde e com aqueles que compõem sua vida não pode ser, na medida do possível, ultrapassada.

Não dá pra escolher demais

Há dois perfis muito bem definidos. O primeiro é o do profissional que quer impressionar e sinalizar que seu esforço faz dele alguém superior. Ou que tenta fazer seu trabalho, mas, por exigência cultural e social, é forçado a cumprir longas horas extras sem contrapartida.

O segundo perfil, daquele que não admira o cenário e se queixa do comportamento tóxico, é hostilizado. "Se não está satisfeito, é só pedir demissão." Como se não existissem contas a pagar e o comportamento não fosse reproduzido na maioria das empresas.

O problema é de ordem cultural. Difícil escapar.

Outro argumento bem frequente e que distorce a relação entre empregador e empregado é o comum "você deveria dar graças a Deus de estar trabalhando, tem um monte de gente precisando de emprego por aí". É como se o empregador fosse um ser benevolente em lhe oferecer uma vaga e estivesse fazendo apenas um grande favor. Alguém tão generoso em contratá-lo que você não pode reclamar do ambiente insalubre, das exigências descabidas e da má remuneração.

Esquece-se completamente de que há um contrato de trabalho. Ele não está pagando porque é legal, mas porque você exerce uma função que será revertida em faturamento para a empresa. É claro que estar desempregado é ruim, mas não é porque o emprego paga as contas que alguém precisa aceitar qualquer condição imposta.

Fazer o necessário quando necessário

Todo mundo precisará ficar até mais tarde vez ou outra. Às vezes, projetos com uma urgência maior acabam surgindo. Mas o problema não é esse. O problema é virar uma regra.

É preciso deixar muito claro aqui que o objetivo não é incentivar pessoas a deixarem a empresa na mão, mas esclarecer que essas necessidades devem ser exceção. Também não se trata de incentivar profissionais ruins. Muito pelo contrário. É preciso que todos se esforcem, trabalhem bem e produzam com qualidade no horário que existe para isso. Não querer ficar até mais tarde e gostar de se divertir não faz de ninguém um profissional ruim.

Existem inúmeras exceções para tudo o que foi dito aqui, mas, *grosso modo*, todos reconhecemos que esse é o cenário caricato que encontramos no mercado de trabalho brasileiro.

Profissionais devem se manter atualizados, investir em capacitação e exercer as atividades com o máximo de qualidade. No entanto, se a única coisa que você pode oferecer é exaltar o trabalho duro, talvez quem tem sérios problemas de profissionalismo não é quem vai embora quando o relógio bate 18h.

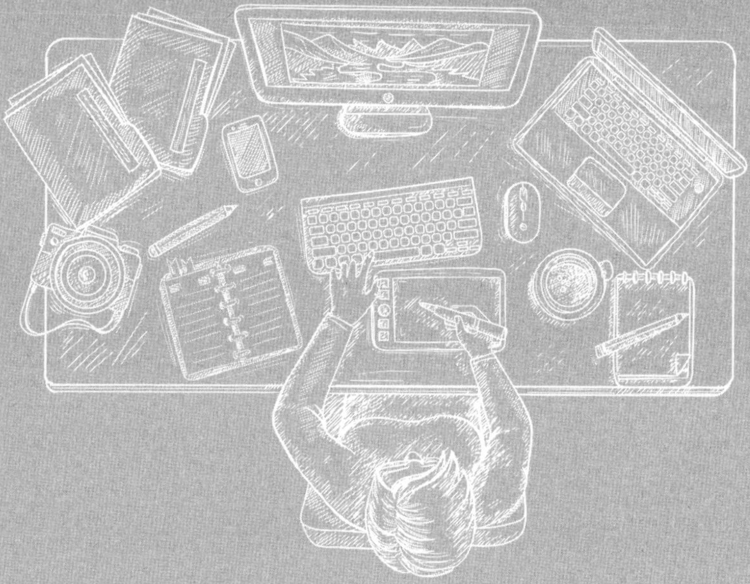

Capítulo 5
O que significa estar acima da média?

Educação é um tema frequente em conversas envolvendo entusiastas de empreendedorismo. Pelas claras deficiências no modelo tradicional, o sistema de ensino é alvo de críticas e questionamentos de quem tenta vender um modelo alternativo.

O gatilho do discurso é simples: "se você concorda que isso tudo está errado, eu tenho a solução perfeita". Claro que a solução costuma vir de pessoas que simplificam demais o conceito de educação e não compreendem o tamanho da dificuldade que é definir um modelo que contemple toda a população e seja eficiente em todos os aspectos.

Uma das críticas mais comuns à educação convencional é que ela trata indivíduos como se fossem todos iguais, não reconhecendo as óbvias diferenças que existem entre cada pessoa. "Somos todos diferentes", diz o empreendedor que tenta solucionar o quebra-cabeça da educação.

Você já deve ter ouvido esse argumento: "Um aluno bom em Matemática se destaca, mas aquele que desenha bem *não tem* o talento valorizado". Apesar de não concordar com a intenção por trás dessa afirmação, ela é verdadeira. As escolas, de fato, buscam educar dentro de um conceito de média, o que invariavelmente remove o valor individual de cada aluno.

Onde nasceu *l'homme moyen*

Em 1718, no livro *The Doctrine of Chances* [A doutrina do acaso], o matemático francês Abraham de Moivre descreveu uma ideia que mudaria drasticamente a forma como enxergamos o mundo. Com um simples experimento de cara ou coroa, ele identificou que uma distribuição binomial adquiria uma suave curvatura conforme o número de eventos aumentava. Quanto mais recorrente um evento, mais ele se acumula abaixo da curvatura e se isola dos mais raros. Explicando assim parece complicado, mas você vai reconhecer o gráfico a seguir.

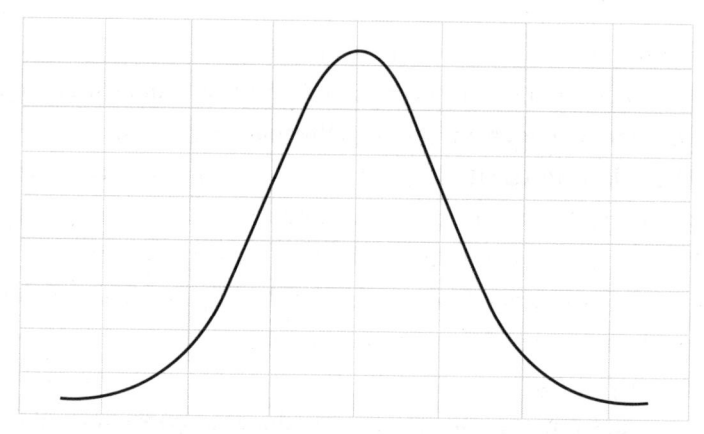

Curva gaussiana, curva na forma de sino ou distribuição normal.

The Doctrine of Chances teve grande impacto nos conceitos de probabilidade e estatística, mas a responsabilidade de usar a curva em forma de sino para tentar nivelar seres humanos não estava na conta de Moivre.

Foi o belga Adolphe Quételet quem desenvolveu o conceito do homem fisicamente médio, o chamado *l'homme moyen*, ou homem médio. O problema central do pensamento de Quételet é que sua ideia girava em torno de encaixar o mundo dentro de uma curva em forma de sino. Para ele, isso significava definir o que é normal ou comum, deixando de lado a influência que eventos incomuns e extremos causam para a definição de média.

Em termos não matemáticos, todo mundo que já sentou num boteco entende que a média, com frequência, é uma demonstração injusta de um cenário – e quase sempre traz uma informação errada sobre um evento.

Mário Santos e a curva gaussiana de boteco

No happy hour da última sexta-feira, Mário Santos combinou de sair com os amigos da firma. Quinto dia útil do mês, pagamento na conta: é hora da recompensa por tanto trabalho. Mário e seus cinco colegas de trabalho estavam bebendo no boteco da esquina. Todos tinham gostos similares: Brahma gelada descendo e frango a passarinho era o suficiente para que ficassem por ali até o fim da noite. O ritual era o mesmo todo começo de mês. Tudo seguia tranquilo até que William, conhecido de Mário, chegou para se juntar ao grupo.

William era diferente. Não bebia cerveja e não gostava de frango a passarinho. Com um papo legal, misturou-se com o pessoal da firma e começou sua maratona de vodca com energético. Como não gostava de beber de estômago vazio, pediu também um *parmigiana* com porção extra de fritas. Na hora de pagar a conta, William sugeriu que dividissem tudo igualmente. "Ah, todo mundo comeu e bebeu, divide por todo mundo. Odeio ficar vendo quem pediu o quê."

O problema é que, se William não tivesse aparecido, a divisão igual para todos seria realmente justa. Todos comeram e beberam as mesmas coisas e em quantidades similares. No entanto, cada drinque que o conhecido de Mário pedia custava o equivalente a três cervejas.

Uma conta de bar que toda sexta-feira dava algo próximo de 100 reais, dessa vez, ficou em 260 reais. A média de consumo dos cinco amigos, sem William, é de 20 reais. Com William, o total da divisão custou 52 reais para cada um.

Assim como na explicação anterior sobre Quételet, um evento extremo distorce o significado da média. A média deixa de representar a alta recorrência de um evento.

O mesmo vício costuma ser visto em conversas sobre o aumento da expectativa de vida. Quem nunca ouviu que, com a tecnologia, a expectativa de vida das pessoas aumentou? Apesar dos avanços que colaboram para seu aumento, é preciso se atentar para a forma como ela é mensurada.

O que chamamos de expectativa de vida é, na verdade, a simplificação para média de expectativa de vida. Ela não era menor, no passado, porque seres humanos viviam menos. Na verdade, se um adulto passasse dos 30 anos, ele viveria mais ou menos o mesmo que vive hoje. Ela era mais baixa por outro motivo: com a medicina bem menos desenvolvida, a mortalidade de bebês com menos de 1 ano era muito grande – o que arrasta o cálculo para baixo.

Em um exemplo grosseiro, se para cada um que chegou aos 80 anos existirem cinco bebês mortos antes de completar 1 ano de vida, a média de expectativa de vida ficaria próxima dos 14 anos. À medida que menos bebês morrem, a expectativa de vida total da sociedade aumenta. Claro que existem diversos elementos que definem a expectativa de vida, mas a proposta aqui é apenas reduzir o argumento sobre como eventos extremos afetam a noção de média. Para explicar a ideia em forma de conselho: se um rio tem em média 1 metro de profundidade, uma das bases do pensamento socialista.

Você não é medíocre

Um dos comportamentos nocivos que podemos observar em entusiastas do sucesso é a tendência de definir os outros como medíocres. Quando questionados, abrem o sorriso amarelado no canto da boca e dizem: "Ué, medíocre é de médio, quem está na média".

Reconhece essa curva?

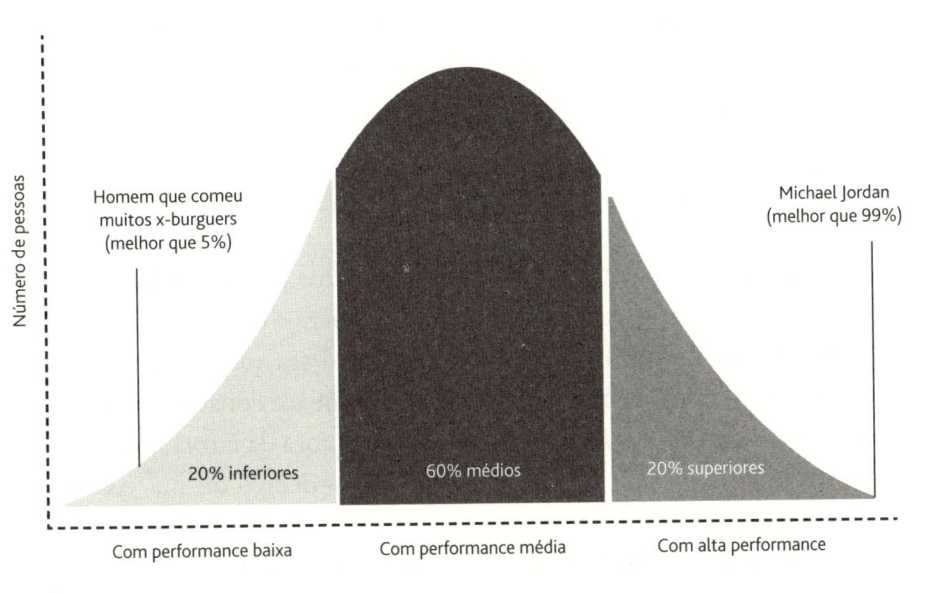

Número de pessoas

Homem que comeu muitos x-burguers (melhor que 5%)

Michael Jordan (melhor que 99%)

20% inferiores — 60% médios — 20% superiores

Com performance baixa — Com performance média — Com alta performance

Na época que Adolphe Quételet, mencionado anteriormente, levantou o conceito de homem médio, outro grupo de pessoas estava em busca de uma teoria, a *aurea mediocritas*, uma média dourada dos atributos comuns a todos os homens. Essa teoria serviria de base para sustentar alguns princípios ideológicos desenvolvidos na época.

Um dos membros desse grupo, influenciado pelas teorias de Quételet, foi o marido de Jenny von Westphalen, autor do famigerado *O capital*, o alemão Karl Marx. A ideia de que existe uma média que contemple a maior parte dos humanos é forte base para o pensamento socialista.

Sem refletir muito sobre o que dizem, os que enchem o peito para falar "seja acima da média, não seja medíocre", acabam reproduzindo um modelo de pensamento que, minutos depois, estarão criticando.

Tudo isso levanta uma longa pergunta: por que alguém que questiona o modelo educacional por tratar alunos dentro do princípio de média, apontando que somos todos diferentes e que devemos valorizar nossas características individuais, volta atrás para tratar todos como medianos? E definem um pequeno grupo como especiais por serem fora dessa tal suposta curva média?

Mas e os *high performers*?

Quando alguém diz que é um *top performer* (uma pessoa de alta performance),, ou que você não pode ser medíocre e deve ficar acima da média, vemos um vício cognitivo em ação. Para quem sustenta o discurso, estar acima da média é alcançar o que ele considera valioso. Para o entusiasta do sucesso, você só está fora da curva normal se for bilionário, famoso ou bem-sucedido – dentro de sua visão bem específica de sucesso.

Quem se lembra das aulas de Matemática do Ensino Médio sabe que um gráfico cartesiano bidimensional representa algo (x) em função alguma coisa (y). Ao transformar uma ideia que pode ter inúmeras dimensões num gráfico bidimensional, fica claro que estamos simplificando uma narrativa para contar a história mais conveniente.

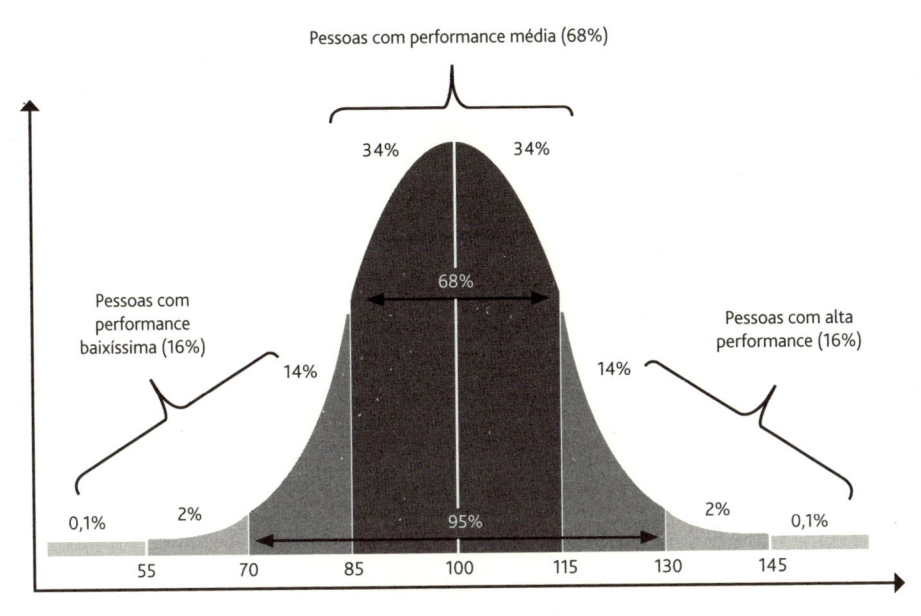

Mais curvas gaussianas vendendo sucesso.

Quase toda ideia reformulada para se encaixar na curva gaussiana parece fazer sentido. Quando paramos para pensar, soa verdadeiro que existam algumas pessoas bem ruins, várias compondo um grupo mediano e outras poucas na elite que compõe os melhores. Mas de acordo com quais parâmetros?

Organizar ideias em curvas com forma de sino é tão tentador que acaba tornando-se um forte vício cognitivo. O economista britânico Francis Ysidro Edgeworth batizou a mania de aplicar a curva gaussiana em todos os domínios de quételesmus.

No best-seller *A lógica do cisne negro*, Nassim Nicholas Taleb tem um capítulo inteiro sobre como a curva gaussiana é utilizada para criar ideias equivocadas sobre o funcionamento do mundo. Taleb chama a curva gaussiana de "a grande fraude intelectual".

Podemos, sem dificuldades, entender a falha em dizer que alguém é medíocre ou está acima da média. Uma narrativa como essa só poderia funcionar sendo demasiado específica e em comparações muito grosseiras.

O coach que vende dicas para você acordar mais cedo, definir uma rotina matinal e entrar no mindset de alta produtividade certamente não considera Dona Silvia – diarista que desce a Rua Itajubaquara todos os dias às 4h30 da manhã, só com um café preto no estômago, limpa sete apartamentos no dia e volta para casa quando o *Jornal da Globo* está começando – uma profissional de alta performance.

Da mesma forma, o pai que abandonou o emprego para ficar com os gêmeos e vira madrugada faz oito meses, passa o dia cuidando dos filhos e mantendo a casa em ordem é visto com desprezo nas rodas de conversas dos amigos engravatados.

É possível fazer um livro só com exemplos de gente que acorda cedo, trabalha muito e gera excelentes resultados no que faz. Pessoas que, do ponto de vista do vendedor de sucesso, são medíocres. No entanto, não precisam de rotina mágica para fazer seu trabalho, café com manteiga para ter energia ao longo do dia e, muito menos, rebaixar os outros para sentir-se superior. Só que, para quem vende sucesso, só é *high performance* – de alta performance – quem faz algo que o deixa rico ou famoso.

E o Michael Jordan?

Muitos questionam, contudo, que levando em conta a mesma atividade – e não todas as habilidades da população de forma abstrata –, existem os medíocres e os *top performers*. Afinal, o Michael Jordan está no extremo oposto do cara que comeu sanduíche demais.

É claro, e inquestionável, que existem pessoas melhores que as outras em suas atividades. O problema é a ideia de que a distribuição média é a representação do que é um desempenho normal. Em vez da curva em forma de sino, se formos organizar num gráfico mais realista a população e seu desempenho no basquete, o resultado deve ser algo parecido com:

PESSOAS X DESEMPENHO

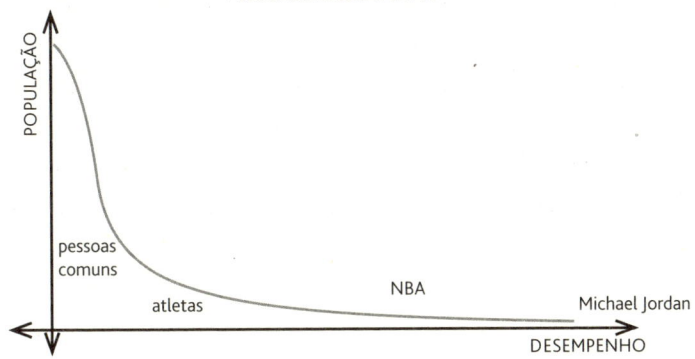

(gráfico: eixo vertical POPULAÇÃO, eixo horizontal DESEMPENHO; curva decrescente com marcações "pessoas comuns", "atletas", "NBA", "Michael Jordan")

É mais realista considerar – até pelo percentual daqueles que jogam basquete – que grande parte da população é muito ruim nesse esporte, tendo leves variações naturais, e que esse número vai sendo reduzido conforme o treinamento e o nível profissional.

Da mesma forma, se estivermos falando apenas sobre atletas de basquete, é igualmente mais realista considerar que a grande maioria esteja amontoada no início do gráfico, com leves variações, até que chegamos à NBA e no grande Michael Jordan.

IGUAL AO OUTRO, MAS ENTRE ATLETAS

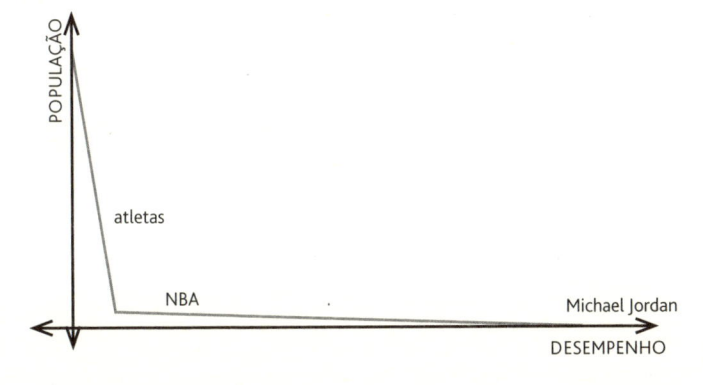

(gráfico: eixo vertical POPULAÇÃO, eixo horizontal DESEMPENHO; com marcações "atletas", "NBA", "Michael Jordan")

Este gráfico é uma representação grosseira e pode não reproduzir a realidade. Ou seja, se você estiver entre os atletas profissionais e o Michael Jordan, está muito bem. Ser "medíocre", aqui, é extraordinário.

O QUE SIGNIFICA ESTAR ACIMA DA MÉDIA?

O importante é que todo mundo tem suas habilidades individuais específicas e é contraproducente tentar definir quem está na média do quê, porque ela simplesmente não existe. O que existe são pessoas tentando criar réguas viciadas para alimentar o próprio ego utilizando modelos que causam confusão. Tentam parecer superiores, quando na maioria das vezes não o são.

Capítulo 6
O problema da produtividade é o Carnaval?

Quem navega pelas redes sociais já deve ter se deparado com essa discussão, principalmente no início de ano. Um grupo de pessoas cada vez maior surge criticando o feriado de Carnaval e o impacto econômico da festa.

São os mesmos velhos argumentos sendo reformulados e disseminados, principalmente pelos entusiastas do sucesso. Gente dizendo que "o país para durante quatro dias", que "a festa é o ópio do povo" e, ainda mais interessante, que "é por isso que somos um país de terceiro mundo". A crítica é ainda mais hilária quando feita em inglês e ilustrada com um copo do Starbucks.

O Carnaval prejudica a economia do Brasil

É impressionante que as pessoas que em geral criticam o Carnaval pelo impacto na economia sejam as mesmas que se apresentam como interessadas em indicadores econômicos, investimento e finanças.

Não é preciso muita pesquisa para fazer as contas e entender que a maior festa do Brasil, um país que busca o turismo como forma de aquecer a economia, é algo incrivelmente positivo. O Carnaval de 2017 no Rio de Janeiro levou para o estado uma receita de 912 milhões de dólares, algo em torno de 3 bilhões de reais, considerando a cotação da época.

Talvez não seja muito fácil entender o que significa uma receita de 3 bilhões de reais em quatro dias, sendo que dois dos dias são de fim de semana e nem devem ser contados como produtivos. É mais do que dois Super Bowls – segundo números publicados pelo jornal *MinnPost* –, o evento que muitos críticos do Carnaval exaltam.

E não é só o Rio de Janeiro. Outras grandes cidades também sustentam festas enormes que atraem turistas do mundo inteiro, inclusive bilionários que saíram dos seus países para conhecer o verdadeiro Carnaval, o grande parceiro da economia brasileira.

Mas tudo fica parado e ninguém faz nada

Existe o argumento de que ninguém trabalha no período do Carnaval – o que prejudica a produtividade do país. Resolvi, portanto, procurar algumas estatísticas sobre a produtividade, o rendimento médio do brasileiro e a produtividade do país ao longo dos meses nos últimos anos. Os dados nos contam uma história um pouco diferente que os posts do LinkedIn.

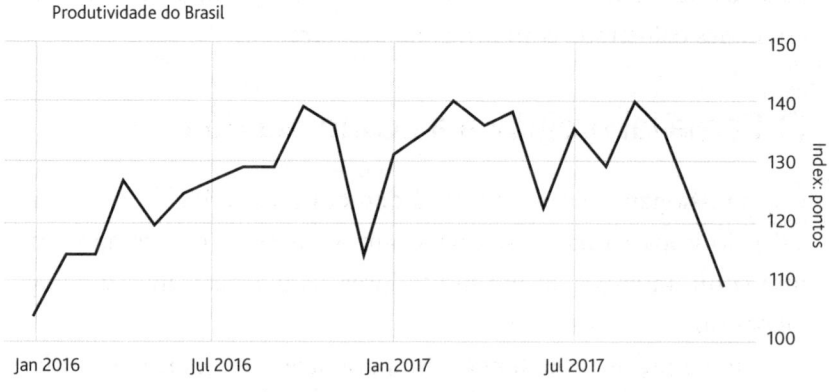

Produtividade do Brasil

Fonte: Tradingeconomics.com e Banco Central do Brasil.

Segundo os dados da Trading Economics, fornecidos pelo Banco Central do Brasil entre 2016 e 2018, o período referente ao Carnaval apresentou uma considerável inclinação positiva, demonstrando forte recuperação de outro período, esse sim bem pouco produtivo: o mês de dezembro.

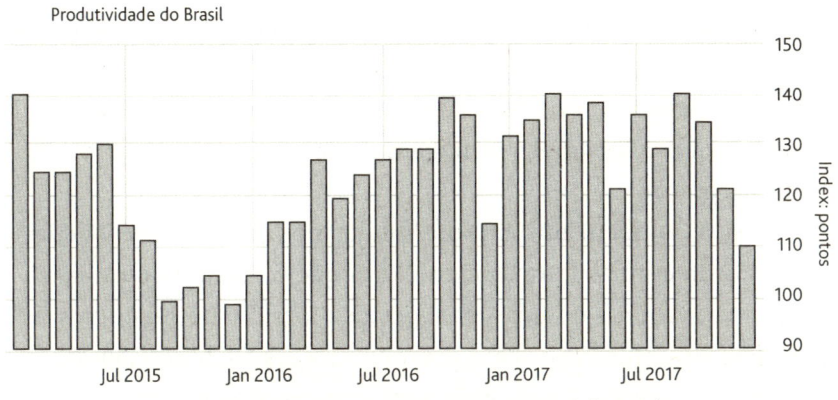

Produtividade do Brasil

Fonte: Tradingeconomics.com e Banco Central do Brasil.

Festas de fim de ano trazem folgas e recessos. São duas – quase três – semanas em que decisões importantes são adiadas, negócios corporativos tendem a ser deixados para o período pós-festas e todos estão preocupados organizando as próprias comemorações. Ou seja, não podemos culpar o Carnaval pela queda de produtividade, e sim o Natal e o Ano-Novo.

O que existe por trás das críticas

O que podemos observar é que os críticos procuram demonstrar superioridade moral. Um perfil clássico dos críticos ao Carnaval é o de pessoas que gostam de sinalizar que trabalham duro e priorizam o trabalho acima da diversão. É o clube que acha bonito morrer de tanto trabalhar. Para quem pensa assim, ver os outros felizes e se divertindo gera um forte desconforto.

Acredito que esse sentimento tão ruim em relação à diversão alheia pode ser sintetizado por uma frase, aqui retirada com ajustes do *Guia politicamente incorreto da filosofia*, escrito por um filósofo muito citado por quem acha que morrer de trabalhar é bonito, Luiz Felipe Pondé: "Pobre é insuportável quando está feliz em público".

É preciso explicar, para não cair em erros grosseiros, que Pondé refere-se a pobres de espírito – e o dinheiro não sana, necessariamente, essa pobreza. No entanto, não há dúvidas de que aqueles que criticam o Carnaval o enxergam como uma festa de pobre – de espírito ou não.

Existe também um enorme fundo moralista nessa condenação. Como é uma "festa da carne", em que é comum beber, fazer sexo e usar roupas ousadas, os supostos moralmente superiores se utilizam de argumentos para gerar controvérsia e buscar adesão a seu ponto de vista. Existe algo mais virtuoso do que criticar uma festa que causa dano à economia?

Também é preciso destacar que existem inúmeras festas de Carnaval tranquilas e destinadas a crianças e famílias. A visão distorcida sobre as festas é acentuada apenas como forma de fortalecer a aura negativa do evento.

Imagino que seja pelo mesmo motivo que o Natal e o Ano-Novo, mesmo representando – agora sim – uma brusca queda na produtividade do país, não sejam alvo de críticas. Nesse clube, dizer que o aniversário de Jesus não é produtivo seria visto com maus olhos.

Ninguém é obrigado a gostar de Carnaval. Existem muitas alternativas para quem não quer sair de casa. Ele também é passível de crítica e traz alguns problemas graves que precisam ser discutidos – por exemplo, o drástico aumento no índice de acidentes automobilísticos.

O que fica claro é que as pessoas se agarram a qualquer coisa para desmerecer o que não gostam, faça sentido ou não. O que não pode passar em branco é o uso de argumentos infundados para reclamar de algo só porque desagrada a pessoa. Se for para reclamar, que o façamos com critérios e informação.

Capítulo 7
Então você não gosta de feriado?

Recebi um texto de um tal de Growth Hacker. É uma declaração de ódio aos feriados. Traz a ideia de que feriado é o grande vilão da economia brasileira, que trabalhamos pouco e por isso nossa produtividade é baixa – assim como fazem com o Carnaval, conforme vimos no capítulo anterior. Quando isso acontece, é preciso ter um pouco de calma e não avaliar o conteúdo na emoção.

Nem tudo que parece ruim é de fato um grande problema. No entanto, não é o caso do texto do Growth Hacker, que, tenho certeza, ficaria mais feliz do que triste por ter seu nome citado por aqui.

Mais trabalho é menos produtivo

Eu gosto de feriado.

Muito. Sério.

Não tenho vergonha de falar isso. Meus chefes sabem disso. Meus colegas de trabalho também.

Eu não apenas gosto de feriados: sei a data de todos de cor.

Nem de longe feriados representam uma perda no faturamento. E nem estou falando de todo o comércio aquecido por feriados: shopping centers, restaurantes, cinemas, feiras e todo um enorme modelo de negócio que ganha com o entretenimento e movimenta a economia.

Estou falando do seu próprio negócio, do seu próprio cliente.

Dei-me ao trabalho de fazer algumas pesquisas e descobri que, a partir de certo ponto na relação horas trabalhadas *versus* produtividade, existe, na verdade, queda da produtividade e aumento nos custos de operação.

Depois de um determinado número de horas, o nível de distração e estresse dos trabalhadores aumenta e os erros começam a acontecer. Longas horas de trabalho estão diretamente associadas a erros, acidentes e afastamento por doenças.

O mesmo estudo levanta uma pergunta curiosa: por que empregadores insistem em escalar profissionais para turnos exagerados mesmo quando não existe ganho nisso, mesmo quando isso representa uma queda no rendimento, dado o aumento dos custos?

Com minha experiência, a hipótese é que a maioria dos empregadores simplesmente não se importa.

Existe um comportamento notável que pode ser observado à medida que o nível hierárquico aumenta dentro de uma empresa. Neste caso, não estou nem falando do empregador, o dono do negócio em si.

A partir do momento em que um funcionário é responsável pela contratação e gestão de um time, enxergando-se como chefe, é possível observar algumas ações voltadas exclusivamente para demonstrar poder – uma espécie de aplicação empresarial da voz de comando militar. É nítido que, para muitos chefes, a única coisa que interessa mais do que lucros e resultados é mostrar quem manda.

O ponto esquecido pelas pessoas que veneram o trabalho é que trabalhar mais de 39 horas por semana causa danos reais à saúde.

Eu sei que ainda é surreal pensar numa rotina para a maioria dos trabalhadores que seja menor do que quarenta horas semanais. Eu mesmo trabalho muito mais do que isso – mas não acho nada bonito.

A política de trabalhar 365 dias por ano não é só ruim, mas nociva e prejudicial para seu negócio, seus clientes e as pessoas que estão à sua volta.

Particularmente, duvido que o Growth Hacker trabalhe tanto quanto diz. Para mim, é só mais um showzinho desses que fazem do LinkedIn a representação de tudo o que existe de mais errado no mundo corporativo. No entanto, se realmente trabalha tanto, diria para seus clientes redobrarem o cuidado ao analisar o que ele e sua equipe entregam.

O brasileiro trabalha pra caralho

Não sei quem o autor do texto acompanha, mas o brasileiro padrão trabalha pra caralho. Em seu texto, o Growth Hacker começa falando de trabalhar mais – em termos de horas e dias – e depois tropeça, voltando-se para produtividade e trabalhar melhor. Inclusive, menciona que o trabalhador médio americano produz quatro vezes mais que o brasileiro.

Apesar de ver as notícias supostamente corroborando essa afirmação, é bem difícil encontrar a tabela de dados para ver quais são os métodos utilizados para aferi-la. Como alguém de exatas, gosto bastante de olhar para os números e fazer minhas próprias considerações. O que pude entender é que, nesse caso, trata-se da relação entre horas trabalhadas e PIB dos países, ignorando – completamente – tudo o que existe no meio.

Para quebrar um pouco essa ideia, vamos voltar ao foco da questão: horas trabalhadas. Dando uma pesquisada, encontrei algumas informações sobre o quanto as pessoas trabalham – horas/ano – em outros países:

- Japão: 1.729 horas
- Canadá: 1.703 horas
- Itália: 1.719 horas
- Estados Unidos: 1.789 horas
- Brasil: 1.711 horas
- Costa Rica: 2.212 horas
- Alemanha: 1.366 horas

Não preciso continuar uma tabela para demonstrar que não existe correlação direta entre horas trabalhadas e maior produtividade. Pelo contrário, o país mais produtivo do mundo é Luxemburgo, que trabalha 1.512 horas por ano.

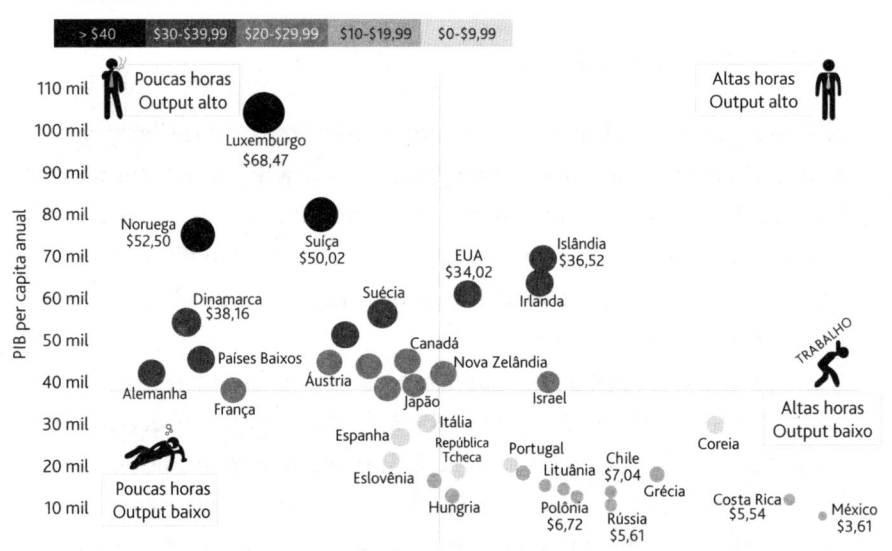

Produtividade do mundo 2017

> $40 $30-$39,99 $20-$29,99 $10-$19,99 $0-$9,99

Poucas horas / Output alto
Altas horas / Output alto
Poucas horas / Output baixo
Altas horas / Output baixo

Luxemburgo $68,47
Noruega $52,50
Suíça $50,02
EUA $34,02
Islândia $36,52
Dinamarca $38,16
Suécia
Irlanda
Países Baixos
Canadá
Nova Zelândia
Alemanha
Áustria
França
Japão
Israel
Espanha
Itália
República Tcheca
Portugal
Chile $7,04
Coreia
Eslovênia
Lituânia
Grécia
Costa Rica $5,54
Hungria
Polônia
Rússia $5,61
México $3,61

Quantidade anual de horas trabalhadas
PIB per capita anual

Produtividade por pessoa por hora (35 países selecionados)
Fonte: Fundo Monetário Internacional.

É importante enfatizar a confusão entre horas trabalhadas e produtividade para dizer que tudo bem curtir um feriado. Não são mais horas trabalhadas que farão a produtividade do Brasil aumentar.

Podemos discutir o investimento das empresas na capacitação dos seus funcionários – que, pasme, é um dever da própria empresa, já que os ganhos são revertidos no seu lucro –, o processo burocrático do país e o pouco investimento dos empresários brasileiros em equipamento e tecnologia. O que podemos ver, realmente, são as causas dessa diferença tão grande entre horas trabalhadas e produtividade do país.

Imagine quanto de produtividade um programador não ganha com um computador que executa os códigos 20 vezes mais rápido do que um equipamento ruim? Ou uma fábrica com um maquinário de ponta capaz de produzir 10 vezes mais? Só que é mais fácil – e mais bonito para postar no LinkedIn – colocar o peso nas costas do trabalhador.

Sabemos que quem está na rede social do trabalho quer impressionar e agradar os donos de empresas. No entanto, não precisamos entrar nesse outro aspecto da discussão, já que foge do núcleo central da crítica, o famigerado #feriadão.

A necessidade do #feriadão

O Growth Hacker menciona férias e fins de semana como tempo para descanso, o que seria ideal, se não fosse infantil e simplista. A maioria das pessoas não descansa nos fins de semana. Acredite ou não, a maior parte da população não tem empregadas domésticas e todos os moradores da casa trabalham para ajudar na renda.

O mais comum é usar o sábado e o domingo para cuidar da casa, fazer faxina, pequenos ajustes em partes danificadas e resolver problemas de ordem burocrática. Conheço poucos que têm o luxo de descansar de verdade. Sem falar nos que estudam – graduação, mestrado ou doutorado – e usam o tempo para colocar as atividades em dia.

No fim de semana, dá no máximo para acordar mais tarde e se programar para um passeio com a família ao final do dia. Só depois de fazer tudo o que precisa ser feito.

É inocente pensar em alguém que agradece por um feriado como sendo preguiçoso. É possível que, para muita gente, o feriado seja o verdadeiro dia de descanso do ano. Aquele no qual – com sorte – não existe nenhuma outra obrigação a ser feita.

Isso, é claro, se você não tem filhos.

Há toda uma dimensão além do trabalho e das atividades de casa que precisa ser vista com clareza. Queremos nos relacionar com nosso par romântico, ir ao cinema de mãos dadas e jantar olhando nos olhos.

Queremos fazer as coisas com calma.

É importante, como seres humanos e membros de uma sociedade, sentar ao lado de quem gostamos e passar algum tempo de qualidade, rindo de bobagens e sem preocupação com o horário. Ver o filho crescer, participar das preocupações de quem amamos e nutrir relações mais valiosas.

É também importante que as pessoas tenham seus hobbies e atividades que acrescentem algo a elas como seres humanos. Correr maratonas, fazer crossfit, montar quebra-cabeças, jogar xadrez, videogame ou paintball são atividades que podem ter extrema importância para o desenvolvimento de qualquer um.

O ser humano é mais do que alguém que repete tarefas e executa trabalhos, é alguém que pensa e se realiza com suas conquistas e objetivos pessoais.

Não conheço a história do Growth Hacker. Muito menos sei como são suas relações íntimas. O que podemos observar, porém, é que aqueles que sustentam tal discurso normalmente moram sozinhos, não convivem com pessoas de fora do círculo profissional e, na maior parte do tempo, se afundam no trabalho como fuga para outros problemas e frustrações.

Pode não ser isso, mas, para o leitor que concorda com o Growth Hacker, preste atenção em como é sua vida e nas outras dimensões que está deixando de priorizar.

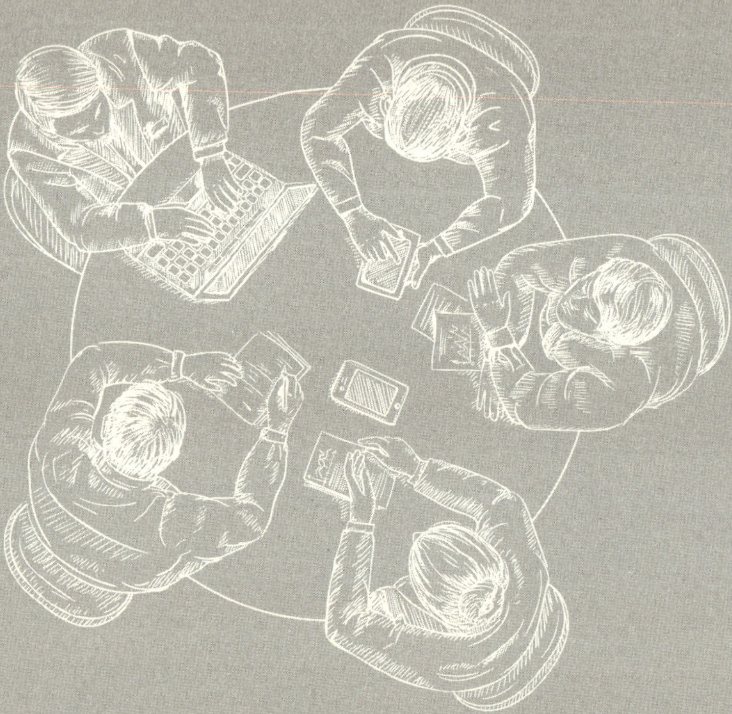

Capítulo 8
Se você trabalha com o que gosta, não se importa de trabalhar muito

Vez por outra, deparo com argumentos do tipo: "Não tenho problemas em trabalhar de dez a doze horas por dia porque faço o que gosto". Os comentários costumam ser acrescidos de frases como "meu trabalho é também minha fonte de estudo e minha diversão".

Bobagem.

Pura conversa de startupeiro.

Trabalhar com o que gosta é realmente mais fácil, mas isso não significa que, porque você gosta de algo, trabalhar dez ou doze horas diárias se torna menos cansativo e estressante.

A vida tem outras necessidades além do trabalho. Se você passa doze horas num escritório, é indiscutível que está prejudicando relações pessoais com família, amigos, filhos, marido ou esposa.

Conforme citamos no último capítulo, não precisa ser muito bom em matemática para saber que, com jornadas de trabalho desse tamanho, você não faz exercícios físicos e tende a comer mal. Sem falar nos inúmeros danos à saúde causados por longas horas de trabalho, como amplamente demonstrado em artigos científicos.

Não é papo de preguiçoso. É ciência.

Um profissional workaholic é uma bomba-relógio. Faz muito, mas você sabe que em algum momento vai espanar, ter algum problema de saúde e ser afastado para tratamento.

Você investiria numa empresa que está indo muito bem, mas com toda certeza vai quebrar dentro de pouco tempo? Eu também não. Um workaholic sofre do mesmo mal. O profissional pode até ter um bom desempenho por um tempo, mas o acúmulo de estresse certamente o prejudicará. Até que ele fique impossibilitado de trabalhar por um longo período.

Esse papinho de "se você gosta do que faz, você trabalha muito sem se importar", é só um discurso raso para forçar pessoas a trabalharem mais sem reclamar das cobranças exageradas. Já que, caso não concordem com o argumento, estarão assumindo que não gostam do que fazem e, sendo assim, não são profissionais bem-sucedidos.

É jogar com o ego para direcionar uma ação. Caso você decida assumir que não ama seu trabalho, ouvirá a clássica frase "então deveria pedir demissão e fazer algo de que goste", como se de fato fosse resolver o problema real.

É cada vez mais vergonhoso no meio profissional assumir que não gosta do que faz. Está todo mundo tentando parecer bem-sucedido e inventando desculpas para justificar por que trabalham onde trabalham. Nunca estão lá só para pagar as contas, e sim cumprindo um grande propósito.

Mas precisamos ser claros e honestos.

Mesmo que você goste muito do que faz, isso não significa que tudo é um mar de rosas. Trabalhar é obrigação. O grande choque enfrentado por aqueles que transformam paixões em profissão é o desgosto de fazer algo que sempre foi divertido porque é obrigado.

Escolha sua comida favorita e tente comer de estômago cheio. Quando não aguentar mais, continue forçando. O sabor da comida ainda é o mesmo – mas comer forçado, quando não está com vontade, é nauseante. Trabalhar com o que gosta também. Quando vira um dever, as coisas mudam um pouco de figura. Trabalhar com o que ama é o jeito mais fácil de não amar mais nada.

O argumento também esquece que existem prazos, clientes, cobranças, reuniões, estresse, chefes autoritários e abusivos, transporte público, burocracias e uma série de outras atividades que independem de gostar ou não da profissão, mas nos quais em geral mora o problema. Em grande parte, fazer seu trabalho, aquilo que você até gosta, é um pequeno pedaço de um mundo de atividades tediosas e muitas vezes estressantes.

Não é difícil olhar para esse papo e entender que segue o puro padrão de sinalização de virtude, um discurso feito apenas para se destacar num grupo por meio de um falso moralismo. Gostar do que faz é bom, mas nem de longe resolve os problemas de se trabalhar demais.

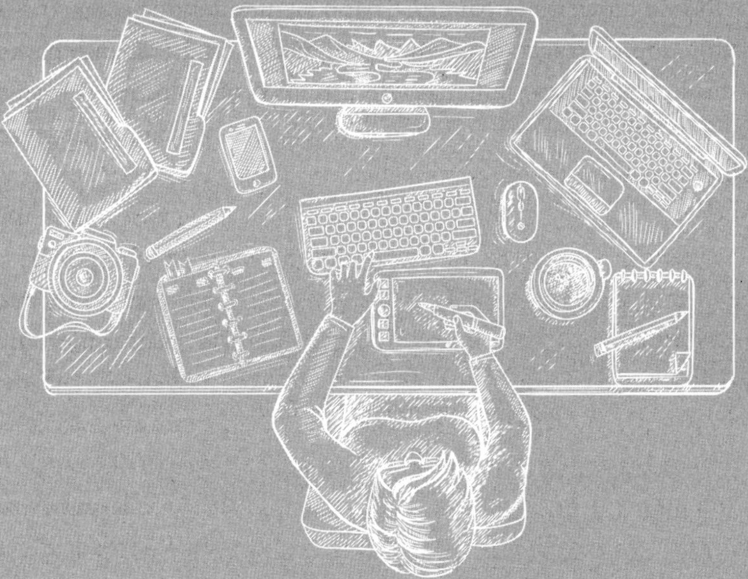

Capítulo 9
O negócio sujo do empreendedorismo fitness

De mãos dadas com o medo do fracasso profissional, caminha em câmera lenta aquela nossa face ainda mais vulnerável: a tão desgastada autoestima. Não é por acaso que, junto das promessas para enriquecer e das receitas para ser um empresário de sucesso, as dicas secretas para alcançar um corpo perfeito protagonizam um recorrente modelo de oportunismo on-line.

Assim como nos cursos que ensinam a se tornar um empresário bem-sucedido, o apelo pela silhueta ideal começa cativando medos e ostentando tudo o que você sempre quis ter, seja uma barriguinha chapada, seja um abdome tanquinho com bíceps grandes e peitoral definido.

Conheça o seu on-line coach

Este é um personagem popular no mundo fitness on-line. Tem um corpo incrivelmente trabalhado, com músculos grandes e uma definição que chega a assustar. Sua aparência é o resultado de uma vida inteira de atividades físicas, esportes competitivos e treinamento de alto desempenho. Ou nem tanto esforço assim, mas fruto do uso

– comum ao extremo – de esteroides anabolizantes. Ainda mais comum é que o corpo seja uma combinação precisa das duas coisas.

Independentemente de como o físico do nosso on-line coach foi construído – e que, sim, em qualquer um dos casos tem seu mérito –, o principal motor do seu marketing é a associação dele com o treino ou produto que está tentando vender. A mesma estratégia será utilizada na venda de suplementos alimentares, trazendo modelos que provavelmente nunca utilizaram o produto para causar essa transferência entre imagem corporal e resultados esperados.

Tão grave quanto utilizar o próprio corpo como cartão de visita é apelar para fotos de antes e depois. No geral, as fotos sofrem truques de ângulo e iluminação. E, quando existem resultados verdadeiros, é impossível atestar se foram conquistados apenas pelo treino ou produto apresentado – é comum que exista algo que não foi declarado. Há tutoriais interessantes demostrando como é fácil manipular fotos de antes e depois apenas mudando a luz e o ângulo.

A ideia de transferir aparência é muito semelhante a vídeos de empreendedores vendendo receita de sucesso. Em vez de uma casa grande, um terno bonito e um carro esportivo, há fotos sem camisa com um sorriso plástico numa tarde de quinta-feira tomando sol na piscina em Balneário Camboriú. Mais importante ainda, é preciso fazer parecer que, por meio desse estilo de vida saudável, você está sempre feliz e satisfeito.

É claro que a receita está em seu novo e-book.

Como o negócio funciona

Assim como grande parte dos negócios que prometem sucesso, a raiz da estratégia costuma se fixar em dois fatores: o primeiro é parecer bem-sucedido mesmo antes de ser; o segundo é conquistar o máximo de validação social para dar credibilidade ao que se diz.

O corpo do empreendedor fitness costuma ser um cartão de visita, mas seu atestado de sucesso precisa ir além. É comum, portanto, esbanjar um estilo de vida privilegiado. Fotos de restaurantes que frequenta, marcas das roupas e a paisagem da piscina do apartamento de luxo ajudam o público a concluir: se esse cara ganha todo esse dinheiro com isso, ele deve ser bom.

Agora que você já imagina que seu on-line Instagram fitness coach é bem-sucedido, tudo o que precisa para aderir ao clube é uma boa dose de validação social. Nas redes sociais existem duas formas clássicas de validação. A primeira é o número de seguidores. Uma pessoa sustentando um discurso ruim, mas com 260 mil seguidores, transmite mais credibilidade do que alguém falando a verdade a apenas quinhentos seguidores. Mesmo que mais de 90% desse público sejam bots russos.

A outra forma comum é o testemunho de outras pessoas atestando seus resultados. No caso do nosso coach, várias fotos comparando antes e depois, junto de relatos emocionados de quem se beneficiou dos conselhos.

A esperança de viver o sonho

É muito difícil negar que temos vontade de conseguir uma cinturinha fina comendo todas as bobagens de que tanto gostamos. Não precisar deixar de lado o happy hour entre amigos, comer aquele McDonald's depois da balada ou a sobremesa no jantar com a família. E, depois de tudo, ainda vestir aquele biquíni branco nas férias para o litoral nordestino. O discurso é bem atraente para todo mundo com autoestima ferida.

O coach de Instagram sabe disso. E faz questão de postar fotos sem camisa tomando sorvete, bebendo cerveja e se deliciando com todas as bobagens cujas fotos, só de ver, eu e você já engordamos uns dois quilos. "O segredo é simples, se você seguir os conselhos que estão na minha consultoria, não vai mais precisar se preocupar com isso."

Essa é a apenas uma das formas de apelo ao estilo de vida que os fitness coaches insistem em promover para seus seguidores. Mas existem outras.

A segunda mais popular é fingir que não se importa com a estética do corpo. Convencer que você tem que ficar em paz consigo mesmo. Nada disso é pelo físico, mas pela saúde e pelo bem-estar. "Tudo é apenas uma busca interna para viver com mais saúde física e mental", diz a musa fitness coach enquanto posta uma foto levantando a blusinha e abaixando a cintura da calça para exibir seu abdômen definido.

Ao mesmo tempo, faz questão de associar sua imagem e estética corporal ao estilo de vida que está promovendo. Ela não diz diretamente que aquele é o resultado, mas, ao utilizar seu corpo como vitrine, a associação é mais que óbvia.

Mas e os programas de consultoria, funcionam?

É aqui que as coisas começam a ficar mais complicadas.

O Brasil tem um modelo de Educação Física regulamentado pelo governo. Para atuar na profissão, existe um órgão responsável pela fiscalização do profissional. O Conselho Regional de Educação Física é quem emite a licença para que o professor da sua academia possa trabalhar lá, sob o requisito de possuir um diploma universitário na área. Essa regulamentação, porém, não garante que ele desempenhe um bom papel, apenas que aquela pessoa cumpriu o currículo de formação e não vai colocar um aluno em risco – ou, pelo menos, não deveria.

Infelizmente, não é assim que funciona na prática. Os instrutores de academia – é claro que há exceções – acabam sendo negligentes com os alunos, não dando a devida atenção individual e replicando modelos padronizados de treinamento, sem o mínimo grau de personalização. É claro, se você quer um treino de verdade, deverá pagar por fora para que seja o seu personal trainer e, de fato, indique práticas que atendam às suas necessidades.

Não é por acaso que a maior parte daqueles que já passaram por uma academia se queixa das mesmas coisas: o instrutor gasta muito tempo "ajudando" as alunas bonitas e trata com descaso as necessidades dos demais.

Você, profissional de Educação Física que não se encaixa neste relato e está lendo isto, não precisa se irritar: não é de você que estou falando. No entanto, é com esse espírito de descrença nos instrutores de academia que os on-line coaches acabaram ganhando espaço.

Alguém com resultados incríveis, um estilo de vida invejável e que conquistou admiração de 300 mil pessoas no Instagram... Por que não pagar por uma consultoria dele?

Aí que entra o truque.

É bem provável que seu on-line coach não seja muito diferente do instrutor de academia, apenas encaminhando uma cópia padronizada do mesmo treino que envia para outras centenas de pessoas.

Imagine que ele, famoso, tenha pelo menos cinquenta outros clientes. É tecnicamente impossível planejar algo específico para cada um. O que você faz quando é só um e precisa escalar sua operação? Automatiza. No fim, sua consultoria especializada nada mais é do que um *template* padrão replicado inúmeras vezes.

Os blogueiros fitness, gente que fala de exercício físico e dá dicas sem ser formada na área, são os maiores inimigos dos profissionais de Educação Física. Existe um esforço coletivo em criticar o uso desses conselhos – os quais não possuem a personalização necessária e, quando aplicados por um aluno sem supervisão, têm potencial de risco –, já que essas pessoas não são qualificadas. Basta acompanhar qualquer profissional famoso no Instagram para ver que o blogueiro fitness é o seu maior inimigo.

No entanto, a consultoria on-line automatizada não é muito diferente das dicas extraídas de vídeos no YouTube ou mesmo do uso de aplicativos que indicam exercícios. Esses treinos são apenas uma rotina receitada a distância em que a pessoa não terá o acompanhamento – que os próprios profissionais consideram adequado – para garantir um resultado consistente.

Orientações de consultoria para exercícios físicos on-line podem ser proveitosas quando feitas com cuidado, garantindo contatos individuais e análises cuidadosas do indivíduo. No entanto, quando você acaba caindo no coach famosinho de Instagram e pagou 200 reais para receber um e-mail padronizado, isso representa um problema maior do que o dinheiro perdido.

Aceitar que essa seja uma prática comum apenas reforça que os aplicativos e *templates* de treinamento podem substituir aqueles que se especializaram na área. Faz parecer que toda a guerra contra os blogueiros fitness é apenas uma defesa de mercado e que seu trabalho acaba não é tão importante.. O mais triste disso tudo é que cada vez mais profissionais preferem reproduzir essa lógica em vez de apontar suas incoerências.

Capítulo 10
O problema não é o empreendedorismo de palco

Muitos dizem que eu "ataco os empreendedores de palco" – aquela pessoa, normalmente de boa aparência e fala cativante, que o aprisiona e ganha a vida dando palestras sem ter o conhecimento prático (talvez necessário) para embasar as afirmações. O empreendedor de palco, porém, é apenas um sintoma do problema, não a questão em si. Não é apenas a falta de experiência prática no discurso vendido que caracteriza um palestrante perigoso.

Se não sabe o que fazer, não faça nada

Existe um engano comum na visão geral sobre a resolução de problemas. Quando pensamos em melhorar qualquer situação, temos o costume de buscar ações positivas – fazer algo – para tornar o que desejamos realidade.

Se alguém decide que precisa emagrecer, a iniciativa geral é pensar o que comer e quais suplementos ou remédios deve tomar. Caso queira ficar rico, pensa imediatamente onde colocar o dinheiro, o que comprar para acelerar o processo ou quais serviços assinar. A vontade de adicionar elementos para gerar resultados é quase um padrão. E, em geral, podemos identificar charlatões pelo discurso exclusivamente positivo que só indica ações.

O problema é que, de forma prática, grandes conquistas tendem a ser alcançadas não por adição, mas por ações negativas – não fazer.

Observe jogos que envolvem risco, como xadrez ou cartas. A melhor estratégia para ganhar não é entrar em mais apostas, mas evitar perdas. Um dos principais ensinamentos de qualquer mesa de pôquer é saber quando não entrar – evitar perder até identificar chances reais de ganhar.

Da mesma forma, indivíduos não ficam ricos apostando cegamente, mas evitando quebrar num meio em que todos estão falindo. Por padrão, quem emagrece também não faz isso adicionando mais alimentos à dieta. Só existe uma forma de perder peso: déficit calórico.

Essa ideia foi permeada de maneira tão drástica na mentalidade cotidiana que o discurso padrão virou: você só pode ser feliz se fizer algo, se tiver um propósito, uma busca maior, um objetivo amplo. Do dia para a noite, a única forma plena de felicidade deixou de incluir filhos, uma vida tranquila e um cachorro no quintal. É preciso um negócio multimilionário, conhecer 45 países e trabalhar oitenta horas por semana.

Ter uma vida sem dor de cabeça, fazer o seu trabalho direito, voltar para casa e curtir a família até acordar no dia seguinte e retornar para suas atividades deixou de ser algo louvável. Tornou-se reprovável. O discurso que é vendido por aí não apenas tenta impulsionar aqueles que apresentam uma predisposição para empreender, mas rebaixar os que não querem a mesma coisa. As palavras de ordem são "deixe de ser medíocre", hostilizando quem deseja uma vida de poucas ambições e com o foco em outros valores.

Já vimos que, quando questionados sobre o uso da palavra medíocre, o sorrisinho amarelo aparece e a falácia etimológica entra em campo: "medíocre, de mediano". Como se o vocábulo, com o passar dos anos, não tivesse assumido uma conotação ofensiva para definir algo ou alguém que não possui qualidades.

Tudo funciona para alguém

Os argumentos mais comuns quando se critica os conselhos que encontramos pela internet é que "tem gente que se beneficia", "pode funcionar para alguns" e "não é tão ruim assim". O primeiro problema que a gente precisa abordar ao falar sobre "funcionar" é que, estatisticamente, quase tudo vai funcionar para alguém.

Se analisarmos algum estudo, podemos notar nos gráficos que muitos pontos são agrupados numa localização próxima. Trata-se de dados que demonstram a maior faixa de ocorrência. No entanto, há também pontos que fogem dessa zona central, muito acima ou muito abaixo da região de maior concentração. São resultados que não respeitam a regra geral: as exceções.

Uma pessoa sedentária que nunca praticou atividades físicas e deseja ganhar massa muscular vai se beneficiar de praticamente qualquer estímulo novo a que for submetida, ainda que não haja uma lógica ou planejamento de treino. Da mesma forma, alguém que ganha 10 mil reais por mês certamente consegue juntar 100 mil em 5 anos, economizando 56 reais por dia. Mas é possível considerar essa uma boa dica, só porque traz algum benefício?

Se olharmos para os dados, veremos que não.

Unidades da Federação	Renda nominal mensal domiciliar per capita da população residente (R$)
Brasil	R$ 1.268,00
Rondônia	R$ 957,00
Acre	R$ 769,00
Amazonas	R$ 850,00
Roraima	R$ 1.006,00
Pará	R$ 715,00
Amapá	R$ 936,00
Tocantins	R$ 937,00
Maranhão	R$ 597,00
Piauí	R$ 750,00
Ceará	R$ 824,00
Rio Grande do Norte	R$ 845,00
Paraíba	R$ 928,00
Pernambuco	R$ 852,00
Alagoas	R$ 658,00
Sergipe	R$ 834,00
Bahia	R$ 862,00
Minas Gerais	R$ 1.224,00
Espírito Santo	R$ 1.205,00
Rio de Janeiro	R$ 1.445,00
São Paulo	R$ 1.712,00
Paraná	R$ 1.472,00
Santa Catarina	R$ 1.597,00
Rio Grande do Sul	R$ 1.635,00
Mato Grosso do Sul	R$ 1.291,00

Fonte: IBGE, Diretoria de Pesquisas, Coordenação de Trabalho e Rendimento, Pesquisa Nacional por Amostra de Domicílios Contínua – PNAD Contínua – 2017.

Considerando os dados de renda mensal domiciliar per capita da população, apenas os moradores do Distrito Federal seriam capazes de fazer essa economia. Claro, se não precisassem pagar aluguel, condomínio, luz, água, alimentação, transporte, vestimenta, saúde, entre outros custos.

Relatos anedóticos criam um problema grave de percepção na forma como compartilhamos experiências. Casos que contamos sobre o mundo para embasar afirmações tendem a ser viciados e pouco aplicáveis.

Por exemplo, todo programador já ouviu falar sobre alguém que ganha 10 mil, 15 mil ou 20 mil reais por mês, e essas histórias se espalham como fogo no capim. No entanto, ao analisar o salário real da categoria, a maioria não chega nem à metade desses números. Para cada empresa com um programador recebendo um salário alto, existe quase uma dezena de milhar que não chega perto.

A mesma coisa acontece quando falamos a respeito de negócios e empresários. Como só estamos vendo aqueles que deram certo e viveram para contar suas experiências, acreditamos que basta empreender que tudo vai dar certo. Repetimos os mesmos *cases* de sucesso por praticamente dez anos sem nos dar conta do motivo de serem sempre iguais. É o WhatsApp vendido por 23 bilhões; o Instagram, por 1 bilhão; a Netflix, que ganhou notoriedade quando a Blockbuster não teve visão de futuro. O viés focal criado por anedotas e utilizado para reforçar um discurso cria uma inevitável bolha de percepção.

Primum non nocere

Quando a discussão sobre robótica entra no campo da medicina, a maioria das pessoas tende a olhar pelo caminho da ação positiva. Um robô – equipamento com forte inteligência artificial – seria capaz de realizar exames por conta própria, analisar dados, identificar doenças e indicar tratamentos. A estratégia parece simples e extremamente funcional, mas, na vida real, nem tudo funciona como nos diagramas feitos com tinta e pincel num quadro branco.

Existe um princípio ético que norteia as atividades médicas e cria uma enorme dificuldade para aplicar o modelo de inteligência artificial na medicina. Antes de tudo, não cause dano. Qualquer pessoa saudável, quando submetida a exames detalhados de saúde, apresenta algum tipo de irregularidade. São pequenas infecções, inflamações e outros problemas que o corpo resolve por conta própria. Solucionar todos enfraquece o sistema imunológico e fragiliza o paciente, deixando-o mais vulnerável.

E ainda há as condições nas quais um tratamento apresenta risco maior do que a própria doença. Uma senhora de 87 anos, de saúde fragilizada, com o fêmur fraturado dificilmente passará pela cirurgia de correção. O risco de ir a óbito é maior do que o benefício de recuperar o osso. Por mais triste que possa parecer, ela provavelmente usará cadeira de rodas até o fim da vida.

Do ponto de vista do médico, muitas vezes mais importante do que saber resolver um problema é o entendimento de quando não tomar uma atitude. E você pode achar que isso representa uma pequena parcela dos pacientes, mas a iatrogenia – complicações causadas pelo curador – é uma das principais causas de morte nos Estados Unidos.

Isso não significa que os profissionais de saúde são ruins ou que não devemos procurá-los para resolver problemas de saúde, mas que existe uma base ética – muitas vezes comprometida – ensinando que às vezes a melhor decisão é não fazer nada. Por melhor que seja a intenção, expor um paciente ao risco do tratamento muitas vezes causa um dano maior e desproporcional. Todo remédio ou tratamento passa por esse dilema: os efeitos colaterais compensam o tratamento da doença?

Muitas vezes não.

Outra forma de enxergar como intervenções ingênuas podem provocar danos que não imaginamos são treinos e dietas feitos sem embasamento científico. Estudos demonstram que rotinas drásticas de exercício físico e dietas muito restritivas têm como consequência o retorno do peso e dificuldade posterior em voltar a emagrecer.

Estudo de acompanhamento feito com participantes do programa *O grande perdedor* ao longo de seis anos demonstra que, após a perda de peso, eles sofrem uma intensa adaptação metabólica, fazendo o organismo gastar até 500 kcal diárias menos do que antes de emagrecer. Essa adaptação não apenas devolve boa parte do peso, como também dificulta o processo de voltar a perder peso. Os resultados foram publicados no *Obesity Journal*.

Infelizmente, dados mostram que perder peso de forma consistente vai além de simplesmente "fazer dieta e se mexer mais" ou "eu era gordo e agora estou magro, você também pode". Relatos anedóticos podem parecer sólidos, mas o problema do risco está em informações e detalhes que não conhecemos.

Seguir dicas de dieta e treino de sua musa fitness favorita do Instagram pode parecer uma excelente ideia, mas, como existem pontos que ela mesma desconhece, é possível que em longo prazo você acabe sofrendo do efeito sanfona e encontrando ainda mais dificuldades para perder peso.

O erro mora no discurso ingênuo

Em situações nas quais não existem critérios fortes para definir real autoridade sobre um assunto, o já comentado relato anedótico assume uma força desproporcional para validar o que está sendo dito.

Como o empreendedorismo, por exemplo, não é um conhecimento validado por um processo formal – o que é bom –, a experiência acaba exercendo forte influência na hora de decidir a credibilidade de alguém.

Sem dúvida, uma pessoa que já construiu um negócio conquistou mais autoridade para abordar o assunto do que alguém que apenas leu inúmeros livros. Assim como na dieta, porém, existem variáveis ocultas e detalhes que desconhecemos – ou ignoramos.

Apesar do selo de autenticidade que o discurso de quem viveu a experiência recebe, a vivência não valida automaticamente tudo o que é dito. O fato é que o discurso de autoridade é uma falácia das mais comuns. A estratégia mais simples para desmerecer um argumento é tentar remover a credibilidade do interlocutor ou ressaltar a própria para fortalecer uma posição.

É por isso que argumentos devem ser analisados pontualmente pelas suas propriedades, ignorando – ao máximo – quem o apresenta.

Nesse ponto entendemos que o problema não é o empreendedorismo de palco, mas os argumentos vazios. O que é perigoso – e está longe de ser uma característica exclusiva desses profissionais – são os discursos ingênuos que incentivam pessoas a assumirem riscos desproporcionais.

Quando eu abro meu e-mail de manhã e encontro uma mensagem dizendo "Especialista de Harvard afirma que bitcoin vai valorizar 545% até o fim do ano", tenho o claro exemplo de alguém utilizando de autoridade – neste caso, não a própria – para me incentivar a assumir riscos que eu desconheço – ou que estão sendo propositalmente ocultados.

Muitas vezes, o discurso inverte a lógica. Bill Gates não ficou bilionário por não ter nível superior, mas *apesar de* não ter nível superior. Mais ainda, ignora o perigo de um negócio não dar certo e foge da realidade objetiva: as profissões mais bem pagas do mundo ainda exigem formação.

Além de incentivar o risco de chegar aos 30 anos com uma empresa falida e sem diploma universitário, esconde-se o fato de que gente bem-sucedida sem nível superior ainda é uma minoria. Quase todos os que abandonaram universidades como Harvard, Stanford, Princeton e Yale vieram de famílias ricas o suficiente para não se preocuparem com a necessidade de encontrar um emprego bem remunerado.

Por mais que o discurso venha acompanhado do clássico "mas você pode ser um ponto fora da curva", o mundo real não se importa com o que você acha. Estatisticamente, quase todo mundo que seguir esse conselho vai se dar mal, como aponta o estudo a seguir, no qual foram analisados 11.745 indivíduos bem-sucedidos nos Estados Unidos e concluiu-se que a vasta maioria dos líderes do país fez algum curso superior, e muitos deles frequentaram escolas de elite. O percentual que não cursou uma faculdade só é maior entre os milionários mais jovens e os bilionários da *Forbes*, mas não alcança mais que 20%.

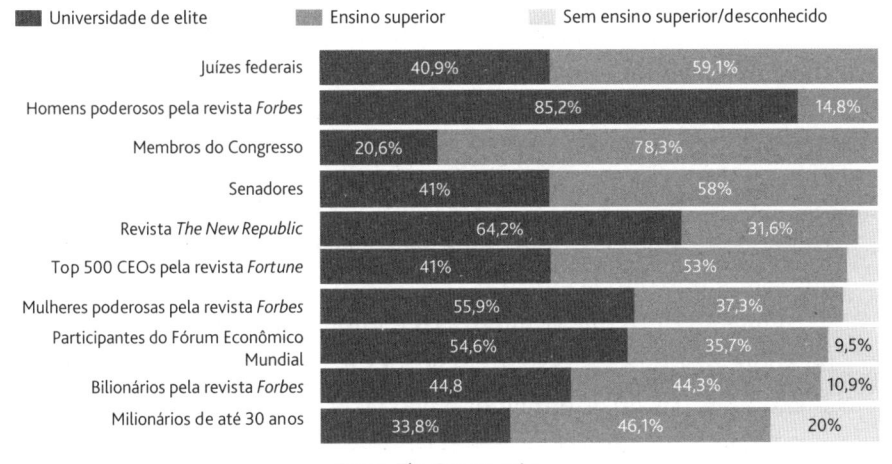

	Universidade de elite	Ensino superior	Sem ensino superior/desconhecido
Juízes federais	40,9%		59,1%
Homens poderosos pela revista *Forbes*	85,2%		14,8%
Membros do Congresso	20,6%	78,3%	
Senadores	41%	58%	
Revista *The New Republic*	64,2%		31,6%
Top 500 CEOs pela revista *Fortune*	41%	53%	
Mulheres poderosas pela revista *Forbes*	55,9%	37,3%	
Participantes do Fórum Econômico Mundial	54,6%	35,7%	9,5%
Bilionários pela revista *Forbes*	44,8	44,3%	10,9%
Milionários de até 30 anos	33,8%	46,1%	20%

Fonte: *The Conversation*.

De uma forma mais drástica, mas com um mecanismo similar, conselhos ingênuos baseados em experiências anedóticas, discurso de autoridade e otimismo exagerado fizeram pessoas pararem seus tratamentos de câncer para apostar na eficácia da fosfoetanolamina. Essa substância, sancionada pela Lei 13.268/2016, representava uma nova esperança para a cura do câncer, de acordo com o químico responsável. Apesar de não existirem estudos que comprovassem as afirmações e nenhum tipo de segurança sobre seu uso, a crença pública pressionou o governo a liberá-la, mesmo sem o paciente ter passado pelos procedimentos necessários para começar um tratamento. Depois da alta adesão, novos estudos confirmaram que ela era ineficaz.

Assim como no caso da universidade, acreditar nas crenças populares e ignorar o que as pesquisas apresentam faz os indivíduos agirem pela emoção, colocando a própria segurança em risco.

A pele no jogo dos outros

São inúmeros os conselhos perigosos replicados diariamente por empreendedores, de palco ou não, palestrantes, instagramers fitness, gurus de finanças, coaches e outros profissionais que lucram alto com a venda dessas dicas.

Instituir a figura do empreendedor de palco teve um papel importante para a identificação de um padrão, mas se prender ao estereótipo, e não ao discurso problemático, ainda deixa inocentes vulneráveis. O problema não é o palco, mas a superficialidade do que está sendo dito lá em cima.

Qualquer um que oculte riscos e impulsione ação sem discorrer sobre os riscos, as responsabilidades e, tão importante quanto, as situações nas quais o melhor é não fazer nada está sendo tão ou mais nocivo que muitos empreendedores de palco.

Mais ainda, quando existe a perspectiva de lucro em cima dos conselhos fornecidos, o problema se intensifica. Quem fornece o conselho não apenas perde as motivações para apontar os riscos como ganha motivações para ocultá-los. Na maioria dos casos, uma pessoa apenas ganha sem assumir nenhum risco, enquanto o outro lado corre o risco de perder tudo com uma chance marginal de ganhar algo. Mais ainda, se eu não tenho nenhuma responsabilidade pelos conselhos que forneço, perco o incentivo para sugerir uma direção certa.

Imagine, por exemplo, uma empresa que vende consultoria de investimentos. Se ela não assume riscos pelas perdas do cliente, o que impede o consultor de indicar apenas títulos de empresas parceiras, ganhando comissão imediata pela venda em vez de enfrentar os riscos probabilísticos do mercado para extrair uma comissão no futuro?

Ter a pele em jogo não significa ter passado a experiência uma vez, mas compartilhar o risco todas as vezes que apontar uma nova decisão. É impossível assegurar que um conselho é o melhor possível sem compartilhar as consequências do resultado. Por essa razão, a melhor forma de descobrir um bom investimento, por exemplo, não é perguntar a um especialista quais são as melhores ações para investir, mas onde o analista está aplicando o próprio dinheiro.

Colocar a pele no jogo é uma iniciativa ética para garantir que as decisões são as melhores possíveis. E mesmo em situações nas quais o risco se consolida, ambos aprenderam o que não fazer. O consultor, no caso, jamais repetirá o mesmo conselho.

Quando Nassim Nicholas Taleb percorre sua jornada de quatro longos livros desenvolvendo a importância de se implicar, muita gente interpreta "colocar a pele no jogo" como um simples argumento em busca de autoridade – "eu vivi, então posso falar". No entanto, a sua obra é um longo tratado sobre a ética que envolve riscos. A expressão *skin in the game* é, na verdade, um acordo ético constante. Alguém não pode apontar decisões se não compartilhar as consequências pelos resultados ruins. O que Taleb faz é apontar o dedo para jornalistas, economistas e outros charlatões que incentivam riscos em benefício próprio, sem nunca assumir os danos causados aos outros.

Para se esquivar de conselhos perigosos, pergunte-se não apenas o que você perde se o conselho estiver errado, mas o que a pessoa que está dando o conselho também vai perder.

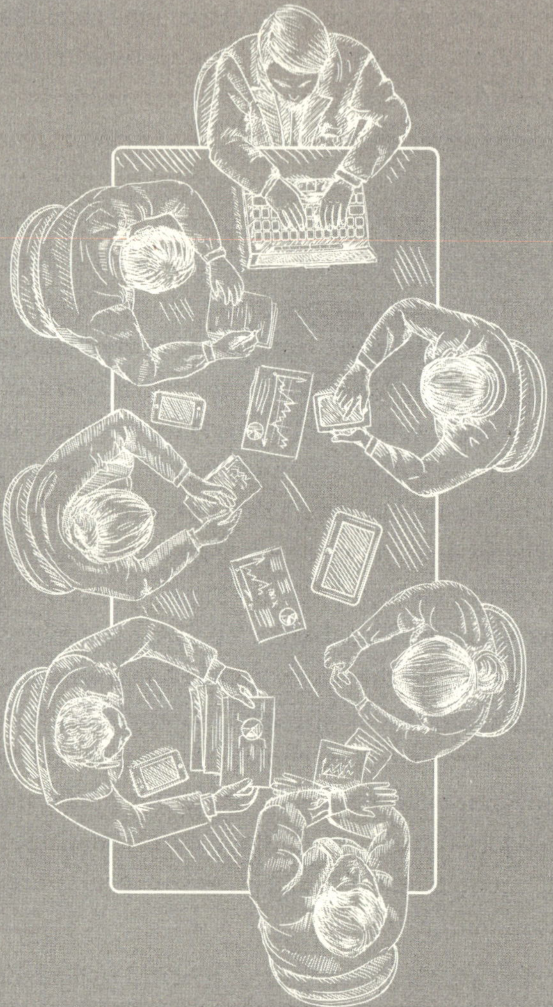

Capítulo II
Sem querer, virei um exemplo de meritocracia

Já recebi muitas vezes a mesma pergunta: "Você não acha que é um exemplo de meritocracia?". Se olharmos de forma simplificada, podemos dizer que sim. Para analisar melhor, terei que falar um pouco da minha vida, coisa que evito bastante.

Mas vamos lá.

Estudo de caso: Startup da Real, do zero ao best-seller

Comecei a conta no Twitter sem nenhum seguidor. Nem mesmo meu perfil pessoal seguia a Startup da Real – e isto impossibilitava aquela ajudinha com compartilhamentos de publicações. Segui algumas pessoas que considerava importantes e comecei a postar. Os primeiros tweets eram imagens que eu montava com muito esforço. No entanto, como é de se esperar de um perfil iniciante, ninguém ligava.

Demorou quase vinte dias até achar que o perfil ia funcionar. Um post chegou próximo dos 300 likes – sem nenhum tipo de artifício. Eu tinha apenas 75 seguidores na época. A partir de então, mesmo com poucos seguidores, o engajamento era alto. A média de likes ficava perto de 100, com muitas pessoas respondendo e interagindo. Já se referiam ao perfil como influenciador do meio antes de conquistar 1.000 seguidores – o que levou cerca de três meses. A quantidade de seguidores passou praticamente a dobrar a cada dois meses. O padrão só desacelerou em 2019. Os 1.000 seguidores de março de 2018 já eram 10 mil em julho. Em setembro, 20 mil.

Depois, tanto o ritmo como o foco do perfil mudaram um pouco. Ao centrar no livro e na ideia de criar uma audiência maior no Instagram, o crescimento diminuiu. Com 26 mil seguidores, o que mais me espanta mesmo, com uma audiência que nem é tão grande assim, é a capacidade de engajamento e interação. Nunca coloquei um centavo para promover o perfil, não comprei seguidores ou paguei para impulsionar conteúdo.

O perfil cresceu assim, com postagens sobre a realidade das startups e trazendo outro lado pouco comentado: o dia a dia de quem trabalha e faz essas empresas acontecerem. O Medium ajudou a trazer credibilidade para o Twitter. No começo, o trabalho era visto como piadas e ironias de um anônimo, mas ninguém realmente acreditava que existia algo mais interessante para extrair do Startup da Real – o que mudou depois do primeiro artigo.

Os textos começaram simples, abordando argumentos comuns dos empreendedores de palco e tentando mostrar outro ponto de vista. Aumentando a complexidade dos assuntos, as explicações se tornaram maiores e mais detalhadas.

Para a maioria dos que trabalham com conteúdo, produzir textos com mais de 1.000 ou 1.200 palavras é suicídio. Dá muito trabalho e ninguém tem paciência de ler. Minha preocupação, porém, nunca foi a audiência, e sim a consistência dos argumentos.

Meus textos no Medium têm em média 5 mil palavras. Um com quase 15 mil, outros na faixa entre 3 mil e 6 mil. Para o universo do conteúdo efêmero, esse tamanho causa estranheza. No entanto, por algum motivo, eu consigo fazer artigos assim caírem no gosto do público.

Três textos foram o suficiente para eu entrar na lista de Top Writers do Medium na categoria startup, a qual contém nomes gigantescos do empreendedorismo mundial – e eu, felizmente, consegui me encaixar nela. Abaixo de mim tem a famosa *Inc. Magazine*, com sua enorme equipe de autores como Larry Kim, e dois lugares acima de mim está *The New York Times*, com 25 mil seguidores.

Em dezembro de 2018, decidi que seria interessante escrever um livro. Com boa quantidade de textos publicados, era possível desenhar uma trilha que os fizessem conversar entre si, criando um sentido maior ao fim da jornada. Virei uma madrugada reescrevendo trechos, mudei frases que estavam presas em algum acontecimento temporal específico e amarrei as quase duzentas páginas do início ao fim. Diagramei no formato Kindle, dei upload e anunciei no Twitter.

Levei exatos três dias para ir de recém-publicado para Top 3 da Amazon em empreendedorismo, 45ª posição entre os 100 mais vendidos de toda a loja. No quarto dia, entrei para o primeiro lugar mais vendido da categoria, posto que ocupei por cinco semanas consecutivas.

O livro trouxe outro tipo de relevância ao perfil.

Antes, todas as reportagens que saíam mencionando o Startup da Real diziam respeito à polêmica sobre trabalhar nas startups brasileiras. Dessa vez, o perfil ia além, retratando de maneira séria e sólida os bastidores do empreendedorismo.

O contato com outros perfis e profissões que não pertencem ao universo das startups, mas que apresentam os mesmos discursos e sintomas, me levou a escrever sobre coaches, mentores, nômades e influencers digitais que capitalizam em cima de muitos discursos perigosos, idênticos aos que analiso quando falo sobre startups.

Pouco mais de dez anos atrás, eu morava num apartamento alugado de 21 metros quadrados num prédio utilizado por prostitutas nas madrugadas, dormindo apenas num colchão inflável e tomando bronca de um amigo porque não contei que estava sem dinheiro para comer fazia duas semanas. Em dois meses, só com o

Startup da Real, faturei mais do que eu ganhava em um ano naquela época. Mais de 32 mil pessoas compraram meu livro.

Um perfil que começou com zero seguidor, sem investir financeiramente em audiência ou alcance, em pouco mais de um ano cresceu e virou referência, criando tendências num mercado que já parecia saturado: conteúdo sobre startup e empreendedorismo. Conseguiu emplacar textos enormes que ninguém acreditaria que poderiam dar certo e, mais ainda, lançou um livro que se tornou o mais vendido na sua categoria.

Tudo isso sem ajuda de ninguém, sem reputação anterior para servir de alavanca e construindo toda a narrativa do início. É inevitável, portanto, olhar para essa história e apontar a incongruência. "Você diz que meritocracia não existe, mas acabou de provar que existe com o seu próprio perfil."

Não exatamente.

Nada dito anteriormente é mentira, mas também não é verdade

Formatar um *case* de sucesso, na maioria das vezes, significa recortar os pontos que não contribuem para a história ou ocultar propositalmente tudo o que enfraqueceria a tese proposta. Nenhum dos fatos antes apresentados é mentira, tudo aconteceu exatamente como está descrito, mas a composição não é verdadeira.

Minha família tinha uma boa grana até eu ter uns 10 anos. Meu avô era major do Exército numa época em que militares ainda ganhavam muito bem. Ele também atuou por anos no Serviço Nacional de Informações (SNI) e, logo em seguida, na Agência Brasileira de Inteligência (Abin).

Sem o fanatismo de quem admira o próprio avô, ele é reconhecidamente uma das pessoas mais inteligentes que conheci. Antes que eu pudesse falar as primeiras palavras, ele já trabalhava com desenvolvimento de software, tecnologia e criptografia.

Falo tanto do meu avô porque foi ele quem me criou. Meu pai bateu na minha mãe uma vez quando eu tinha uns 2 anos de idade. Meu avô viajou 1,5 mil quilômetro de carro, buscou a gente e levou para morar com ele. Morávamos num excelente prédio de apartamentos. A casa tinha de tudo e, como era item de ostentação no início dos anos 1990, tínhamos duas linhas telefônicas.

Estudei em escola pública, mas nessa época elas ainda eram referência de ensino para todo o país. Aquela em que cursei até a quarta série ganhou o título de "escola modelo". Não sei como ela é hoje em dia, mas tínhamos Ginástica Olímpica, Natação, Artes Cênicas, Artes Plásticas, Música, Atletismo e inúmeras outras atividades extracurriculares que eram feitas no período da tarde.

Nossa casa sempre teve computador, e o tempo todo meu avô me encorajava a brincar. Lá pelos 5 ou 6 anos, tinha conhecimentos de como abrir o MSX e substituir a ROM de memória para poder jogar.

Descobri no livro *Linguagem Basic MSX* que era possível escrever coisas que modificavam a estrutura do sistema. Antes dos 10 anos, eu já sabia fazer o computador falar, mudar cores e transformar letras em desenhos.

Meu avô também gostava de passar desafios. Por exemplo: é possível colocar oito rainhas num tabuleiro de xadrez de um jeito que nenhuma consiga atacar a outra? Lembro até hoje o dia que ele me perguntou: "Você sabe o que é criptografia? Pegue um papel, deixa eu te ensinar uma coisa. Isso aqui se chama Cifra de Cesar". E assim comecei a escrever cartas secretas na época da escola.

Em dado momento, meu avô saiu de casa para morar com outra mulher e ficamos apenas eu, meu irmão, minha mãe e minha avó. Tempos depois, um negócio em que ele estava investindo não deu certo e precisamos vender o apartamento para pagar as dívidas.

Eu tinha quase 10 anos quando fomos morar em outra cidade, a 50 quilômetros de distância. Instalamo-nos em um bairro bem pobre, com muitas dificuldades e problemas estruturais. De qualquer forma, era uma boa casa e sobrou uma grana para mobiliar e fingir que estava tudo bem, mesmo no meio dessa mudança drástica. Nossa situação financeira foi piorando. Apesar de receber ajudas do meu avô, o salário de professora que minha mãe recebia não dava para cobrir todas as despesas.

Outros personagens importantes se faziam presentes durante essa fase. Mesmo numa cidade com pouca perspectiva, minhas tias colaboraram com a maioria dos privilégios que me trouxeram vantagens em relação aos meus pares diretos. Uma deu computadores para mim e meu irmão; outra nos presenteou com nossos primeiros celulares – tudo isso quando era inimaginável que adolescentes andassem com um desses na rua.

O auxílio não era só com pertences. Uma das minhas tias me levou a inúmeros shows de música brasileira, espetáculos de grandes cantores e compositores. Ela também comprava presentes para eu dar no Dia dos Namorados e sempre incentivou meu crescimento.

Outra tia pagou curso de inglês, me deu uma guitarra Ibanez caríssima para aprender a tocar, bancou um curso avançado de programação e trazia CDs de guitarristas famosos e bandas de heavy metal desconhecidas para me servirem de referência.

Durante quase todo o meu período no 2º grau, eu era a única pessoa da turma com acesso a computador e internet. Com 16 anos, eu já usava Linux, sabia programar e tinha uma boa fluência no inglês. Assistia a séries e filmes sem legenda com facilidade. Dos 16 para 17 anos, também arrumei meu primeiro emprego graças ao Linux.

O tempo foi passando e nossa condição financeira foi ficando ainda pior. Minha mãe sempre foi muito ruim em administrar dinheiro. Além disso, quatro pessoas numa casa é um gasto e tanto.

Depois que minha avó morreu, minha mãe vendeu a casa e decidiu que iríamos nos mudar para um apartamento bem menor, em outro bairro ainda mais pobre, na mesma cidade. Com esse dinheiro, ela queria comprar um carro usado para eu trabalhar e ir à faculdade – que meu avô sempre pagou. Naquele momento, decidi que não queria um carro; ia morar em outro país. E foi assim minha primeira experiência fora do Brasil.

Conheci gente interessante, outras culturas, aprendi mais um idioma e acabei retornando porque minha mãe não estava bem de saúde. Meu irmão já morava com a esposa e os filhos. Eu voltei a morar com minha mãe. Trabalhava e estudava. O salário não era bom, mas era o que tinha.

Pouco tempo depois, minha mãe sofreu um acidente vascular cerebral, perdendo a fala e os movimentos do corpo. Foi levada para morar com meu avô e receber os cuidados necessários. E eu... bem, eu caí no mundo.

Fiquei um ano morando de favores no sofá de um amigo, até que finalmente consegui encontrar um apartamento barato o suficiente para morar. Foi assim que fui parar no tal apartamento de 21 metros quadrados. O aluguel custava 80% do que eu tinha para gastar. Todo o resto, que nem era muito, ia embora com alimentação. E com o dinheiro que sobrava para comer no mês até daria para me virar melhor, mas eu tinha um problema grave: não havia nenhum móvel ou eletrodoméstico no apartamento.

Tudo o que eu podia comprar para comer deveria ser consumido na hora. Sem geladeira, é muito complicado guardar qualquer alimento perecível. Pior ainda, comida que vem pronta é mais cara, e o dinheiro acabava em menos de quinze dias.

O normal era emagrecer 10 quilos por mês, dos quais eu recuperava uns 7 nos primeiros dias do mês seguinte. Segui nesse ritmo por quase um ano e meio, até que uma amiga casou e me deu seu fogão antigo. Demorei três meses para juntar dinheiro e comprar um botijão de gás cheio para conseguir usar o fogão. Aí então ficou fácil, eu finalmente conseguia comer todos os dias do mês.

Comprava um pacote de 5 quilos de arroz, miojo na promoção e tudo que poderia ser cozido. De lá eu conseguia me virar. Por causa dessa época, sei fazer mais de quinze sabores de arroz.

Comi muito arroz puro nesta vida.

Neste ponto, eu já estava na mesma empresa fazia uns quatro anos, ainda recebendo menos do que deveria, mas sem entender muito do mercado. Meu salário sempre tinha sido muito baixo. Depois de uma mudança na direção, alguém viu o que estava acontecendo. Passei a ter novas atribuições, o que ocorreu algumas vezes, e uma série de aumentos. Até que, em alguns meses, recebia o suficiente para viver bem e num bom apartamento.

Eu chorei quando minha primeira geladeira chegou.

Fiquei mais quatro anos na mesma empresa e consegui desenvolver uma promissora carreira. Quando pedi demissão para mudar de país e estudar empreendedorismo, fui muito elogiado e tive diversos pedidos de retorno. A porta estava aberta para quando eu voltasse. Peguei meu FGTS, que a essa altura dava uma boa grana, deixei um amigo cuidando do apartamento e fui estudar empreendedorismo fora do Brasil.

Praticamente tudo o que reforço hoje em dia já ouvi da boca de outras pessoas durante o curso. Na época, essas ideias já eram consideradas absurdas. *"Como assim investidores são ruins? Como assim usar o caso da venda do Instagram não é importante? Viés de confirmação? Até parece que eu caio nisso."*

Não tinha sonho, não tinha "basta acreditar", muito menos "é só querer". O mercado exige uma abordagem científica, ou você vai perder muito dinheiro.

Da minha turma, 90% dos alunos odiaram o curso. Esperavam receitas mágicas, encorajamento incondicional e gente para elogiar qualquer ideia de negócio que surgisse. Eu tinha minhas críticas à organização, mas saí de lá com algo bem valioso, uma forma diferente de enxergar finanças, empresas e, principalmente, startups.

Só por curiosidade: durante o módulo de renda passiva, eu e um sócio canadense desenvolvemos um negócio em quinze horas. Ele nos rendeu, em dois dias, o suficiente para pagar a taxa de matrícula do curso. Até hoje, cinco anos depois, recebo dinheiro dessa iniciativa.

Voltei ao Brasil e demorei até pensar no que seria ideal montar. Fiz uma série de pequenos negócios temporários que deram muito certo, um dos quais teve até uma pequena cobertura midiática.

Levei quase um ano para decidir meu empreendimento.

Investi o resto da grana que tinha, montei estrutura, loja virtual, hotsite de produtos. Visitei fábricas e fornecedores. Fiz contatos, arrumei distribuidores e tudo mais. Pouco tempo depois, o negócio se pagava de forma saudável, mas o esforço exigido e a projeção de investimento que eram necessários para que começasse a lucrar o mínimo para um salário razoável me fizeram repensar e desistir.

Sem aquela grana toda para investir, eu não conseguiria viver da minha empresa, e ela foi morrendo aos poucos. Decidi, então, que iria dar atenção a outra vontade: estudar ciência de base. Foi assim que cursei Física por três anos até a grana começar a acabar e precisar trabalhar – quando o fiz, passei no vestibular de Filosofia, porque conseguiria trabalhar durante o dia e assistir aulas à noite.

Só que, mais importante do que Física e Filosofia, eles me ensinaram uma rígida metodologia na hora de expor ideias e observar o mundo. Depois de terminar o primeiro ano de Filosofia, precisei mudar de cidade e acabei trancando o curso.

Pouco depois, o Startup da Real nasceu.

Storytelling *versus* mundo real

Recortando a história para destacar os resultados que eu tive com o perfil, estou claramente contando as dificuldades que passei na vida sem demonstrar todas as facilidades às quais tive acesso.

Pude morar fora do país duas vezes, ganhei das minhas tias tudo de que precisava, mesmo vivendo num bairro pobre. Meu avô pagou toda a minha primeira graduação, depois pude fazer dois cursos em universidade pública. Aprendi a falar inglês muito cedo e tive forte influência do avô e da tia, que já nos anos 1990 trabalhavam com desenvolvimento de software.

Apesar dos altos e baixos, minha vida foi repleta de privilégios. Ter internet e computador no fim dos anos 1990 me conectou com pessoas de condições melhores, que me trouxeram contatos profissionais e impulsionaram oportunidades de trabalho.

Startup da Real é basicamente a aplicação de tudo o que estudei na vida e experiências diversas pelas quais passei. Sem essas vivências, não haveria postagens contundentes, não teria visões de mundo aprofundadas nem textos com base acadêmica.

Ficar quatro anos sem trabalhar, simplesmente fazendo o que eu queria da vida, sem nenhuma obrigação profissional por si só, cria um abismo de privilégio entre mim e a maioria das pessoas que nem podem considerar essa opção.

Desde que o Startup da Real surgiu, quase semanalmente algum perfil "qualquer da real" aparece interagindo e tentando emplacar o modelo em alguma temática específica. Esse tipo de tentativa, em geral, retrata alguém que enxergou apenas o storytelling superficial: "este perfil fez isso e deu certo, vou fazer um igual".

No entanto, como eu canso de dizer por aqui, receitas não existem. Se você olhar apenas para o *"case* de sucesso" do meu perfil, não conseguirá enxergar que o que o torna possível é o mesmo que impede receitas de sucesso de funcionarem – ou seja, tudo o que você não sabe que aconteceu antes de a ideia nascer.

Startup da Real é, em essência, a aplicação de uma visão de mundo que eu construí ao longo dos meus 34 anos, seja trabalhando em empresas diferentes, construindo uma carreira, vivendo com amigos pobres, lidando com o lado obscuro das relações entre empregadores e toda cultura que adquiri estudando fora. E tudo isso é só a ponta do iceberg. Daria para escrever livros sobre toda sorte que tive durante minha vida.

Startup da Real não é um exemplo de meritocracia exatamente por ser só mais um caso de alguém com muitas facilidades que juntou tudo e, em algum momento, deu certo. Pode até significar que tenho algum mérito 34 anos, seja, mas jamais será suficiente para validar um sistema meritocrático.

Cada texto publicado por mim como Startup da Real é o acúmulo de centenas de milhares de reais em educação, equipamentos, viagens, livros, esportes, cursos, visitas a museus e influência familiar. Só de extracurricular, existem pelo menos quatro outras profissões que posso exercer. Isso é o retrato do privilégio. Olhar para minha história como meritocracia é exatamente reproduzir o que critico, focar nos pequenos detalhes e esquecer tudo que fizeram por mim para chegar até aqui.

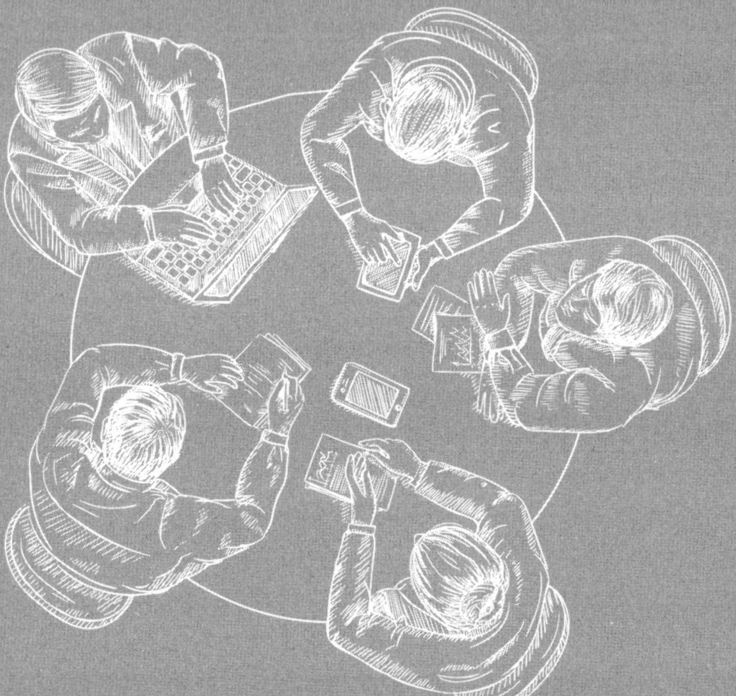

Capítulo 12
Tudo que você precisa pensar antes de falar sobre meritocracia

Só de ler a palavra meritocracia, você já deve ter tido inúmeras ideias prontas a respeito do tema. Você sabe exatamente como defender seu ponto de vista, não importa de qual lado da discussão esteja.

Dentro do movimento moderno que incentiva a linha de pensamento voltada ao sucesso e empreendedorismo, meritocracia é quase uma religião por si só. A ideia que ouvimos de praticamente todos os autores e pessoas influentes do assunto é: "O mundo está cheio de oportunidades – olhe como tal vendedor ambulante acreditou e hoje é rico. Basta você se esforçar e acreditar nos sonhos que com o próprio mérito vai vencer também".

Mas como chegamos a tanta polêmica com um pensamento tão simples? O que existe de errado com a ideia de que o mundo, as pessoas, o mercado e empregadores vão me valorizar se eu fizer tudo com o maior empenho possível?

A importância dos jogos de linguagens para os diálogos

> "Uma coisa verdadeira dita de maneira pobre é uma mentira."
> — Christopher Hitchens

Um dos momentos mais importantes da minha vida foi encontrar um filósofo chamado Ludwig Wittgenstein. Suas obras e a forma como aborda o uso da linguagem modificaram completamente minha comunicação, como eu lido com as pessoas à minha volta e como apresento as minhas ideias. Mais ainda, mudaram como eu enxergo o mundo.

Para quem estudou Filosofia de forma acadêmica, é normal dividir Wittgenstein em dois filósofos diferentes – mas sua obra pode ser resumida na busca em entender quão facilmente a comunicação entre duas pessoas acaba dando errado. O que podemos considerar como o primeiro Wittgenstein tem como resultado o importante trabalho chamado *Tractatus Logico-Philosophicus* [Tratado lógico-filosófico], cuja ideia central é uma simples pergunta: "Como seres humanos são capazes de transmitir ideias entre si?".

A solução de Wittgenstein para essa questão foi vista como revolucionária. Para ele, palavras ativam imagens em nossa mente – ou, como descreveu, "palavras criam imagens dos fatos". Por exemplo, ao ouvir a música "Negro drama", dos Racionais MCs, é inevitável visualizar cada uma das cenas construídas pelas palavras. Somos capazes de imaginar uma mulher negra com um bebê de colo no meio de São Paulo. Os edifícios sufocantes, pessoas passando sem olhar ou se importar com o cenário frio e acinzentado.

Para o primeiro Wittgenstein, o motivo de as conversas darem errado seria basicamente porque somos muito ruins em criar boas imagens e transferi-las para os outros.

Outro agravante ainda maior surge quando aqueles que recebem nossas palavras criam imagens diferentes das que tentávamos transmitir. Sabe quando você diz para seu marido que encontrou no bar um grande amigo dos tempos de escola? Você pode tê-lo visto de relance e acenado de longe, sem muita conversa. Essa pessoa foi alguém por quem você nunca teve interesse, nem o achava bonito, mas seu marido ainda assim cria uma distorcida imagem em cima dos fatos apresentados.

No fim, a ideia que o primeiro Wittgenstein trazia com seu trabalho é que devemos escolher melhor as palavras que usamos e ser mais cuidadosos quando nos comunicamos. *"Wovon man nicht sprechen kann, darüber muß man schweigen."* Sua icônica frase, famosa até os dias de hoje, nos lembra: *"*Aquele que não sabe o que dizer deve permanecer em silêncio". Ou, no português mais objetivo de Osasco: meça suas palavras, parça.

Wittgenstein acreditava que o *Tractatus* era a última obra de filosofia que precisaria ser escrita. Afastou-se da academia e passou a trabalhar como arquiteto. No entanto, em 1929, o filósofo retornou para Cambridge com alguns novos pensamentos sobre o problema da comunicação, escrevendo o livro que só foi publicado após sua morte, a obra chamada *Investigações filosóficas*.

Apesar de abordar tópicos similares ao *Tractatus Logico-Philosophicus*, sua perspectiva sobre os problemas mudou radicalmente. É por isso que existe essa divisão em tratar as duas fases do mesmo autor como bem distintas.

Wittgenstein não pensava mais em palavras como troca de imagens entre indivíduos, mas como ferramentas que usamos para participar de jogos de linguagem. Jogo aqui não está no sentido literal, podendo ser interpretado de forma mais objetiva como padrão de intenção.

Quando vou visitar um parente terminal no hospital e, entre lágrimas e abraços, eu digo que vai ficar tudo bem, não estou dizendo literalmente que ele será curado dessa doença. O jogo de linguagem em que estou envolvido não é "previsões racionais com base nos fatos disponíveis". Meu padrão de intenção é outro. Estou no jogo "palavras como instrumento de conforto e segurança". O que estou transmitindo não é que ele será curado e ficará tudo bem, mas que, aconteça o que acontecer, estamos todos ali dando o apoio necessário. Para o segundo Wittgenstein, conflitos de todos os tipos acontecem quando não somos capazes de entender o jogo em que a outra pessoa está envolvida.

Outro objetivo de Wittgenstein em *Investigações filosóficas* era demonstrar como grande parte do entendimento sobre nós mesmos depende da linguagem que os outros desenvolveram e que são capazes de expressar sensações muito íntimas, que só compreendemos porque conhecemos uma forma de descrevê-las.

Nós, brasileiros, sentimos saudade de forma que um simples *"I miss you"* não seria capaz de expressar. Em outro exemplo, preferimos usar *"burnout"* para descrever um esgotamento mental muito mais intenso do que uma simples tradução literal poderia indicar. Todas essas são palavras que usamos para obter uma identificação muito profunda de quem somos e como estamos nos sentindo. Às vezes, optamos fazer uso de outro idioma para expressar melhor, com outra intensidade, o que estamos tentando dizer.

Mário e Juliana

Lembra-se do nosso amigo Mário Santos? Ele terminou o Ensino Médio antes de completar 18 anos. Como decidiu ser médico, sabia que não iria entrar logo de cara. Prestou o primeiro vestibular como forma de adquirir experiência, mas já se inscreveu num curso preparatório para garantir o futuro. Nos anos seguintes, o desafio foi grande. Estudou praticamente oito horas por dia, sem contar as aulas do cursinho. E, como aluno dedicado, nunca faltou a uma aula.

Não foi fácil. Mário não obteve aprovação no primeiro vestibular que prestou. Demorou mais duas tentativas até que finalmente conseguisse sua vaga em Medicina numa universidade federal, mas em outra cidade.

Mário passou os seis anos morando longe da família e estudando catorze horas por dia. Formou-se médico e fez outro cursinho, dessa vez para conquistar uma vaga na residência – ele será neurologista.

Corta a cena.

Quando Mário Santos descreve a própria trajetória, explicando que a renda de mais de 100 mil reais por mês é merecida, ele não tem como deixar de se lembrar dos colegas que preferiam sair para beber em vez de assistir às aulas, dos que riam da quantidade de horas que dedicou aos estudos e dos plantões de 36 horas que fazia sem remuneração durante o internato. Em sua avaliação pessoal, ele possui o mérito pelos seus ganhos. Esforçou-se mais do que seus pares e hoje consegue desfrutar de uma vida de bastante conforto.

Mas aqui entra outra personagem.

Juliana Silva subiu a ladeira da Rua Comendador Antunes dos Santos todos os dias durante quase dez anos. Perto da terceira série do Ensino Fundamental, teve a sorte de conseguir uma vaga numa boa escola pública, pelo menos melhor do que sua escola antiga. Ela cursou até o 3º ano do Ensino Médio na Escola Estadual Deputado João Sussumu Hirata, mas sua mãe não deixou que pensasse no vestibular.

A mãe de Juliana trabalhava como diarista e a filha, desde cedo, saía da escola e ia direto ajudar em casa, fazendo serviços domésticos que a mãe não conseguia realizar porque estava trabalhando. A garota cuidava dos dois irmãos mais novos, lavava roupa, arrumava a casa e fazia comida.

Ela nunca conheceu o pai.

Agora, com a filha completando o Ensino Médio, o caminho que sua mãe traçou para ela foi o mesmo que escolheu anos antes. Ia dividir os clientes novos com a filha e ela ajudaria nas despesas de casa.

Foram quase três anos de conversa para que Juliana, agora com 21, conseguisse convencer a mãe de que queria estudar para melhorar de vida. Desconfiada, a mãe jogou todo o peso nas costas da filha: "Você tem que ajudar nas contas de casa. Se quiser estudar à noite é problema seu, mas não pode parar o serviço".

Estudando à noite, Juliana seguiu revisando a matéria por conta própria, aproveitando as duas horas que sobravam do seu intenso dia de trabalho. Levou quase dois anos para que pudesse entrar numa universidade pública. Sua nota não era muito alta. Conseguiu entrar em Pedagogia, curso escolhido pela baixa concorrência.

Juliana não deu conta de se formar no tempo regulamentar. Pelo trabalho puxado, não acompanhava as aulas direito. Tinha dificuldade em fazer os trabalhos extraclasse e entender a matéria. Não era raro vê-la pescando na aula enquanto o professor explicava o conteúdo.

No entanto, como parte da sua formação como pedagoga, Juliana passou a conhecer de perto as estatísticas sobre mobilidade social e as barreiras para alcançar oportunidades equânimes.

Depois de quase sete anos, ela finalmente obteve o diploma, abandonou as faxinas e começou a trabalhar como pedagoga numa pequena escola infantil.

O que você quer dizer quando fala sobre meritocracia?

Agora que você já entendeu como Wittgenstein aborda a comunicação e conheceu duas realidades completamente opostas, podemos começar a esboçar o ponto central deste capítulo: qual jogo de linguagem você está jogando quando fala sobre meritocracia? Essa é uma questão fundamental para que a discussão saia do superficial e crie uma ponte entre duas opiniões. Então, vamos tentar unificar o jogo.

Meritocracia é, de acordo com a definição do dicionário, uma ideologia política. É, uma organização social em que as pessoas são promovidas ou beneficiadas por meio de esforço, trabalho e, é claro, mérito. Nesse modelo, todos, independentemente do ponto de partida, teriam destaque e benefícios nivelados de acordo com esforço e colaboração para a sociedade.

Em muitas discussões, as pessoas falam da sociedade como se ela fosse estritamente meritocrática. Basta observar o mundo para entender que o ponto de partida ainda conta mais para o resultado final do que o esforço aplicado.

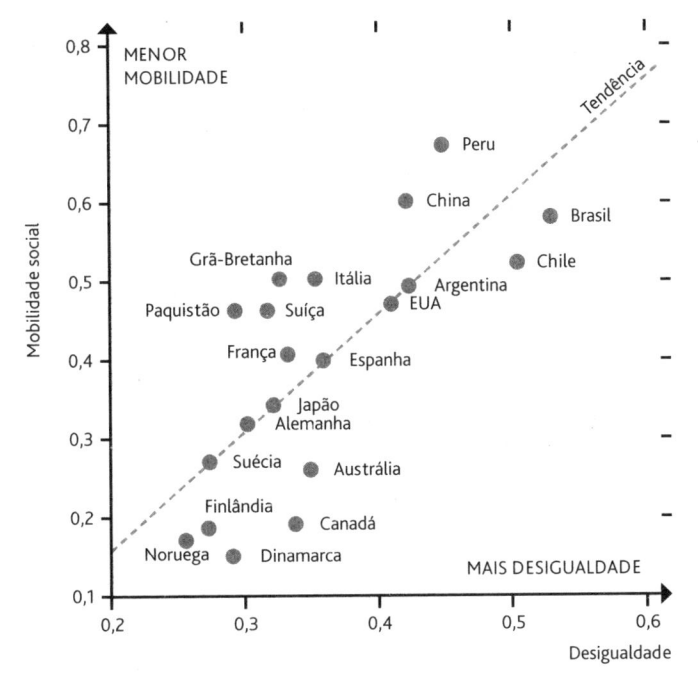

Fonte: *Nexo Jornal*, dados da OCDE.

Como mostra o gráfico, no Brasil, temos uma das piores relações de desigualdade *versus* mobilidade social do mundo. Alguém que nasceu pobre no país pode levar nove gerações para alcançar a classe média.

Segundo os dados de mobilidade social da OCDE, 35% das pessoas posicionadas como mais pobres terminam a vida na mesma situação. E só 7% têm chance de alcançar os mais ricos. Do outro lado, 45% dos filhos de famílias ricas seguem a vida na mesma situação e apenas 7% têm chance de piorar de vida.

Mário e Juliana entram num bar

Num cenário hipotético em que a distância socioeconômica entre Mário e Juliana permitisse que se conhecessem e frequentassem o mesmo bar, a conversa introdutória entre os dois começaria mais ou menos assim.

Mário tentaria impressionar a moça com sua história. Iniciaria a conversa contando sobre sua infância e quantas horas estudava por dia para conseguir passar em Medicina. Narrou como foi difícil morar sozinho e longe dos pais, as dificuldades que passou para ser aprovado nas matérias e o cansaço de cada dia de internato.

Contou também como a prova para residência é ainda pior que o vestibular e que alunos pagam às vezes 20 mil reais em cursinho para poder passar no exame. No final, Mário fecharia sua história assumindo os louros da vitória: "Foi difícil, mas graças à minha dedicação, hoje eu tenho uma vida muito boa".

Juliana escutaria tudo calada, sorrindo por fora e intrigada por dentro. Algumas perguntas surgiriam durante a conversa, mas ela queria ouvir até o fim. Aos olhos dela, como alguém que não precisava trabalhar em casa durante a infância, estudou desde cedo nas melhores escolas e pôde dedicar três anos exclusivamente para estudar, pagando um cursinho específico, está se achando especial? Morou em outra cidade sem ter de trabalhar, apenas estudar. Tinha apartamento pronto, aluguel pago e comida no prato. Podia se dedicar aos estudos e, antes mesmo de se formar, pagou uma fortuna num cursinho de residência.

Não existe mérito nisso. Ele simplesmente teve acesso a oportunidades e fez a única coisa que precisava fazer. Juliana foi embora achando Mário arrogante, e ele não entendeu por que a moça não se interessou por sua bela jornada de sucesso.

Dependência de domínio

Um domínio pode ser interpretado como o campo de aplicação de uma ideia. É o contexto específico no qual uma afirmação pode fazer sentido. No caso da linguagem e do uso das palavras, podemos dizer que o domínio dessa palavra é o jogo de linguagem em que a pessoa está engajada.

Quando Mário diz para Juliana que hoje ganha muito bem por efeito da meritocracia, ele está se comparando aos seus pares e reconhecendo que fez escolhas que aqueles na mesma posição não fizeram.

Seu jogo de linguagem aqui seria algo como "conclusões baseadas em comparações imediatas" – ele se compara aos que estavam no mesmo meio, assumindo que sua diferença em relação a eles foram suas ações.

Para quem se expressa dentro desse jogo, tudo o que vale são as experiências diretas que absorveram da vida, as pessoas que conhecem e as referências imediatas. Normalmente, quem enxerga o mundo assim sustenta opiniões não muito além do uso de anedotas – "conheço alguém que fez isso e deu certo" ou "eu fiz isso aqui e funcionou, vai funcionar com você também".

No entanto, quando Juliana escuta o que Mário está dizendo, ela está participando de um outro jogo de linguagem. Ela conhece um mundo muito diferente e estudou bastante as estatísticas de pobreza e mobilidade social. Entende que, na grande maioria, quem nasce pobre pode fazer tudo certo que não vai mudar o resultado. Crianças pobres que fazem tudo certo ainda se saem pior na vida do que crianças ricas que fizeram tudo errado. Podemos dizer que o jogo que Juliana está engajada se chama "conclusões baseadas em fatos e estatísticas".

Como cada um dos personagens está aplicando a palavra mérito e o conceito de meritocracia em dois domínios distintos, é muito difícil explicar para Mário por que Juliana não acredita em mérito, e, para Juliana, que existe qualquer mérito na história de vida de Mário.

Mas existe mérito?

Ao abordar um resultado através das lentes do mérito, devemos considerar com cuidado a aplicação do nosso discurso. O normal é que só seja possível declarar mérito sobre algo quando estamos falando a respeito de competições diretas, em situações nas quais existe um filtro seletivo dos participantes.

Para participar da natação nas Olimpíadas, por exemplo, os atletas enfrentam diversas provas ao longo de anos, inclusive eliminatórias. Isso nivela por alto a capacidade dos participantes da competição. Quando os competidores estão alinhados à beira da piscina tentando ganhar uma medalha olímpica, sabemos que existiu um filtro para que todos ali estejam no máximo de igualdade possível, apesar do seu passado.

Quando dizemos, então, que Michael Phelps teve seu mérito nas competições que venceu, não existe nenhum conflito nessa afirmação. Porque, no momento que estava competindo, nos poucos segundos em que foi capaz de se destacar, as outras pessoas ao seu lado também eram as melhores de seus países no esporte. Neste caso, a igualdade do ponto de partida promove o reconhecimento do mérito.

Mas é claro que, se formos falar além da competição específica, podemos ver que um nadador era filho de um bilionário e o outro nasceu num país em guerra e teve dificuldades para manter sua rotina de treino. Existem desigualdades, mas o processo seletivo criou uma linha de largada mais igualitária para poder reconhecer que, de fato, um daqueles foi melhor naquele momento.

O mesmo serve para Mário Santos, nosso médico exemplar. Em relação ao mundo, ele teve todos os privilégios, e dizer que ganha mais que os demais por mérito próprio é, sem a menor dúvida, um descolamento da realidade.

No entanto, quando fazemos a comparação entre seus pares, os alunos de Medicina que passaram no vestibular, é possível reconhecer seu mérito pelo estudo e por suas decisões.

Para a afirmação ser verdadeira, só precisamos nos atentar ao ponto comparativo. É preciso ajustar o jogo de linguagem para a comunicação se tornar mais precisa e, a partir disso, poder fazer afirmações sem distorcer a realidade.

Mérito até existe, mas meritocracia não

Esse é um ponto de conflito frequente nas discussões sobre o assunto. Por mais que seja possível reconhecer algum mérito em situações específicas, isso não valida, em nenhum grau, a existência de um modelo meritocrático.

Na língua portuguesa, quando utilizamos o sufixo *-crático*, estamos determinando que o elemento anterior a ele regula o sistema de direitos e poder. Da mesma forma, democrático é um sistema no qual o poder vem do povo e autocrático representa um governo que empodera a si próprio.

Quando destacamos alguns exemplos de mérito individual para atestar a existência de um modelo meritocrático, estamos dizendo que existe uma realidade na qual o fator máximo que determina a aquisição de poder e força é o esforço e as decisões de um indivíduo. Mérito fala sobre um momento específico e bem contextualizado; meritocracia, um sistema inteiro no qual a regra se baseia na conquista por mérito.

E disso podemos encontrar várias vertentes de quem tenta defender que ela é verdadeira. Desde os que afirmam que a meritocracia está no valor que oferece para a sociedade, até os que defendem o esforço e a dedicação que aplicam como fator de sucesso.

Nos dois casos, basta olhar para o mundo e ver que essa regra não se aplica.

Gente pobre trabalha muito mais e de forma mais intensa que a maioria das pessoas que são ricas. E muita gente que oferece muito valor para a sociedade, como professores, não tem o devido reconhecimento pela sua contribuição.

No sistema atual, não existe meritocracia. É bom lembrar que um jovem pobre que faz tudo certo ainda terá uma vida pior do que alguém rico que fez tudo errado.

E eu sei que você está pensando em nomes para me dizer que isso não é verdade: "Veja o Marco Gomes em Nova York, todo chique jantando no Ivan Orkin".

Ter que procurar nomes específicos para demonstrar que alguns conseguiram sair da pobreza cria apenas a exceção que confirma uma regra.

A gente consegue destacar que o Marco Gomes conseguiu exatamente porque todo o resto continua onde está. Caso o sistema fosse meritocrático de verdade, não teríamos como destacar meia dúzia de casos, já que essa mudança de posição social seria comum.

Mas estão jogando com nossas opiniões

Polarização é uma arma muito eficiente na hora de convencer pessoas a defenderem opiniões extremas. E esse assunto será abordado de forma ainda mais detalhada num capítulo mais adiante.

Qualquer posição pode ser definida dentro de um espectro longo, separada por inúmeras pequenas nuances entre dois lados ou lados opostos. É impossível e quase raro que uma situação possa ser resumida entre o lado do sim e o do não.

Mais ainda, muitas vezes existem mais dimensões para se adquirir uma opinião do que puramente duas proposições opostas. No exemplo da polarização política, todo mundo que não pertence à direita é comunista. No entanto, o espectro convencional é um pouco mais detalhado do que essa boba simplificação. O espectro político é dividido em quatro quadrantes entre esquerda ou direita, libertário ou autoritário. Cada quadrante do compasso político ainda permite uma variação de intensidade e direções com muito mais detalhamento que pode mudar muito a forma como cada um pensa sobre determinado assunto.

Só que pessoas não polarizadas não apresentam vantagens para nenhum lado da discussão. Então, a estratégia para fazê-las somar a seu lado é polarizar o debate.

A política é o melhor exemplo para enxergar a polarização em prática. Quando houve a ruptura política no Brasil em 2013 e grupos começaram a se dividir, o movimento antipetista tratou rapidamente de polarizar o debate.

O primeiro foi com a adoção da camisa verde e amarela como forma de diferenciar "nós dos outros", iniciando uma direta polarização entre "você é petista" ou "você está do lado do Brasil". Em seguida, começaram os incentivos para criticar os "isentões", termo que surgiu na época para forçar quem ainda não tinha comprado um lado a se posicionar diretamente.

Na época, a briga estava mirando na disputa entre Aécio Neves e Dilma Rousseff. O objetivo era que todos que fossem contra o PT votassem no Aécio, não por afinidade política com o plano de governo, mas por negação ao outro, rejeição ao outro polo do debate. A campanha de Marina Silva, por sua vez, focava exatamente nos isentões, e seu discurso de campanha era basicamente "fujam da polarização".

Pulamos no tempo. Dilma caiu, Aécio se complicou e outro candidato se aproveitou para tornar a polarização ainda mais agressiva. Jair Bolsonaro trouxe de volta a antiga polarização norte-americana baseada no medo de uma suposta "ameaça comunista".

Sua campanha inteira não apresentou nenhum projeto sólido. Toda sua postura e divulgação foi baseada simplesmente em colocar a sociedade contra a suposta esquerda-comunista, o marxismo cultural e a hipótese de que os comunistas querem transformar todas as crianças em gays ou transgênero. Tudo isso para reforçar o medo irracional das pessoas e dizer: "Se você não me apoia, olha os absurdos que você está apoiando".

A ideia da polarização é bloquear ao máximo a chance de o eleitorado cogitar pensar que algo do outro lado seja positivo pelo medo de apoiar outros absurdos. Não surpreende que a estratégia de campanha de Bolsonaro foi chamar todos, inclusive veículos de comunicação que apoiam a direita americana, de comunistas. Sempre que surgia uma crítica, a primeira resposta era dizer que se tratava de esquerdistas. É nesse passo que a discussão sobre mérito e meritocracia também foi polarizada ao longo dos últimos anos.

Em vez de considerar nuances e pequenos detalhes, entendendo que o mundo é mais complicado do que esforço pessoal e seus resultados, a conversa foi se direcionado para um lado no qual, se você acha que desigualdade social impede a meritocracia, você é esquerdista comunista defensor de bandido.

Na outra ponta, tudo o que existe é mérito, independentemente se você já nasceu bem de vida. Porque considerar o oposto significaria dizer que você não merece tudo o que conquistou.

Hoje, a maioria das pessoas ricas apoia a direita e abraça essa polarização porque legitima seus méritos ao mesmo tempo que ignora os privilégios. O discurso de "existe gente pobre que se esforça e consegue", rejeitando todas as estatísticas de diferenças sociais, mobilidade, transferência de renda, serve para dizer que "se ele não consegue, problema dele; eu consegui porque mereci".

Do outro lado, a esquerda também se polarizou. Mesmo apoiada por estatísticas e outros dados científicos, passou a rejeitar ativamente qualquer traço de mérito, falhando na hora de reconhecer que, em domínios específicos, ele ainda pode existir, mesmo que não seja possível transferi-lo para o comportamento amplo da sociedade.

No final de tudo, é difícil para o rico olhar e reconhecer que tomou ações que podem ter favorecido seu resultado. Enxergar que, comparado ao resto, ele teve inúmeros privilégios. Ao mesmo tempo, para quem aponta os fatores de desigualdade social, fica difícil reconhecer alguns méritos porque pode enfraquecer sua tese.

E aí, no debate empreendedor, fica essa visão exagerada e elitista com medo de ser associado a características negativas. Se você reconhece que nasceu pobre e não teve dinheiro para se destacar, é vitimista. Se diz que é mais difícil para os pobres alcançar o sucesso, tem mentalidade de fracassado. Se não quer ser bilionário, é um frustrado que pensa pequeno.

Assim, utilizando das mesmas armadilhas de polarização política, gente rica vende uma ideia de empreendedorismo na qual a base de tudo é rejeitar uma visão mais realista para abraçar as fantasias que fazem você sentir que está numa posição superior da sociedade pela forma como enxerga o mundo, mesmo que continue pobre, se esforçando e não vendo nenhum resultado sólido.

Se mérito e esforço não fazem diferença, o que eu devo fazer?

Eu aprendi na faculdade a ter uma grande admiração pelo trabalho central de Arthur Schopenhauer. Não falo dos livretos de autoajuda que acabam prejudicando a imagem histórica do filósofo, mas suas obras e contribuições reais para a filosofia.

Um dos meus livros preferidos de todos os tempos e que ajudou a construir um pouco da forma – pessimista? – que observo o mundo foi *Mundo como vontade e representação*. Nele, Schopenhauer é desanimador. Para o autor, a morte inevitavelmente vencerá a vida, e o próprio ato de viver é uma ação constante de morrer.

Toda a obra segue nesse clima pesado que leva muita gente ao questionamento: "Se a vida é sofrimento e isso é inevitável, por que devo viver?".

Schopenhauer felizmente reservou parte de seu trabalho para observar essa questão. A conclusão, obviamente simplificada, é que o ato de tirar a própria vida significaria a negação da vontade, a crença de que o problema está em si, e não no todo. Ao remover a vida, a coisa-em-si permanece inalterada, o problema não desaparece. Ao desaparecer da Terra, você não priva a espécie do sofrimento, apenas a si mesmo dos prazeres da vida.

Trazendo de volta para a questão do mérito, entender que a vida é difícil não é um motivo para não seguir fazendo o que pode. O resultado que todos buscam e apontam, o tal sucesso, é apenas um ponto de avaliação. Existem inúmeros outros valores, outras possibilidades e outras contribuições que, mesmo sem esse sucesso, ainda fazem tudo valer a pena de alguma forma.

Rejeitar a ideia de meritocracia e entender que não depende só do seu esforço não deve ser um estímulo para não seguir seus sonhos e suas vontades, mas uma ferramenta para se reconfortar e entender que você não é inferior ou menos valioso porque não alcançou tudo o que sonhava.

A gente pode olhar para inúmeras outras dimensões da vida e aproveitá-la mesmo sem os resultados vendidos em cursos de empreendedorismo. Porque o importante não é ganhar o jogo, mas continuar jogando.

Outro livro de que gosto bastante, escrito pelo psiquiatra M. Scott Peck, em sua primeira linha já quebra nossas ilusões ao afirmar: "A vida é difícil".

> A vida é difícil.
> Essa é a grande verdade, uma das maiores verdades.
> Isso é uma grande verdade porque quando realmente enxergamos essa verdade, nós a transcendemos. Uma vez que realmente sabemos que a vida é difícil – uma vez que entendemos e aceitamos, a vida deixa de ser difícil. Porque uma vez aceito, o fato de a vida ser difícil não importa mais.

capítulo 13
Desculpe, mas falar palavrão não faz você f*da

Se você frequenta livrarias, deve ter notado uma tendência. Poderíamos batizar 2018 como o ano dos livros com palavrão na capa graças a uma série de títulos encabeçada por *A sutil arte de ligar o f*da-se*, de Mark Manson.

Palavrões não se tornaram apenas capa de livros. Políticos, artistas famosos e músicos viram nessa nova onda uma oportunidade de se destacarem na multidão. Utilizar linguagem informal e agressiva ganhou bastante terreno nos últimos anos. Num universo onde todos acreditam que estão sendo enganados o tempo todo, palavrões trazem uma sinalização oposta: sugerem que a pessoa do outro lado está sendo honesta e expressando as opiniões sem filtros.

Para não ir muito longe, Donald Trump e Jair Bolsonaro foram eleitos explorando exatamente esse modelo de linguagem. Quem acompanhou as eleições de 2014 nos Estados Unidos e de 2018 no Brasil sabe que um grande atrativo dos dois era o seguinte, como diziam seus próprios eleitores: "Ele fala o que pensa".

E por mais que absurdos sejam ditos, muitas vezes carregados de termos preconceituosos e afirmações odiosas, a mensagem que o povo percebe ainda é positiva: "Ele está falando esses absurdos, mas pelo menos a gente sabe que não está mentindo".

O culto aos rebeldes

Ao longo dos anos, no mundo corporativo, um comportamento ficou muito claro enquanto observava meus diretores, colegas de trabalho e até outras empresas. Sempre foi possível, em qualquer conversa, entender que emitiam sinais fortes de como gostariam de ser percebidos – o que nem sempre encaixava com quem realmente eram. Anos depois, essa atitude recebeu o nome de "sinalização de virtude": falar ou adotar conceitos percebidos socialmente como positivos para causar boa impressão havia se tornado uma grande epidemia.

Quem viveu no meio corporativo na primeira década de 2000 certamente ouviu inúmeros discursos sobre sustentabilidade, tecnologia verde, inclusão social e outras formas de se parecer nobre.

Apesar de serem valores importantes para a sociedade, o termo "sinalização de virtude" ironiza seu uso para fins puramente demagógicos, sustentando ações e posturas que não condizem com a imagem projetada. Esse tipo de sinalização como forma de conquistar o interesse público nunca foi novidade, mas, como qualquer estratégia utilizada de maneira ampla, algumas pessoas passaram a notá-lo e se incomodar com ele, eventualmente se levantando contra.

O movimento que surgiu dessa onda de sinalização foi a construção do discurso politicamente incorreto cujo objetivo era apontar o seu oposto, o politicamente correto como um discurso hipócrita para agradar às massas. Seu surgimento é uma resposta aos políticos e às celebridades sustentadas pela sinalização de virtude.

O que podemos chamar de *vice signaling* ou, numa tradução livre, "sinalização de vícios", também não é uma atitude nova. Rebeldes das grandes empresas já deixavam de usar gravata como forma de demonstrar inconformidade ao sistema lá nos anos 1990. Da mesma forma, executivos sabem posicionar palavrões em suas frases, e até você mesmo já deu uma sujadinha proposital naquele tênis novo só para não parecer tão careta.

Foi assim que o culto ao politicamente incorreto chegou, negando todo o discurso de virtude e apontando as afirmações como hipócritas ou mentirosas. Ser politicamente incorreto e repetir falas desagradáveis e ofensivas passou a ser visto como ato de coragem em meio a uma sociedade silenciada por tanta sinalização de virtude.

De 2013 para cá, podemos enumerar uma grande quantidade de personalidades que ganharam audiência abraçando essa postura, um padrão de atitude comum principalmente entre políticos, comediantes e youtubers.

Ser hostil funciona: polêmicas vendem

O marketing já tem esse controle da linguagem faz tempo. Profissionais sabem que investir em polêmicas é uma boa forma de ganhar alcance. Mesmo que você perca uma parte da audiência, o engajamento apaixonado do outro lado acaba compensando o dano e as críticas tendem a propagá-lo.

Esse espírito de polarização é forte e tem dominado as campanhas. O *modus operandi* é criar polêmicas que dividam grupos entre defensores e críticos, garantindo que um lado defenda com unhas e dentes o que outro ataca com intensidade, amplificando a mensagem.

Atualmente, nenhuma campanha que não envolva uma posição controversa viraliza nas redes sociais. Dentro das discussões modernas, utilizar elementos sexistas ou preconceituosos como forma de atacar um público tem sido a estratégia mais aplicada. Dessa forma, quando começarem a questioná-los, uma legião ainda maior passa a defender a iniciativa. Com o tumulto, a marca ganha mais apreço dos seus admiradores, mesmo que seja boicotada por quem compartilha de outro ponto de vista.

Analisando estudos sobre como as pessoas percebem os palavrões, podemos identificar algumas informações interessantes. Mesmo com pesquisas controversas mais antigas a respeito da percepção externa sobre quem usa linguagem vulgar, algumas mais recentes e mais direcionadas nos ajudam a compreender o fenômeno.

Na metanálise publicada em 2015 por Nicoletta Cavazza e Margherita Guidetti, encontramos um trecho que nos ajuda a entender o funcionamento de mensagens ofensivas:

> Para conseguirmos estudar os efeitos das mensagens vulgares, precisamos individualizar quais funções são preenchidas pelos palavrões (JAY, 2000). Pessoas xingam principalmente porque os palavrões ajudam a expressar humor, agressividade, impulsos, dominância e etc. (FINE & JOHNSON, 1984, JAY, 2009). Em adição, palavras sujas funcionam como ferramentas retóricas utilizadas pela fonte com o objetivo de intensificar o discurso e definir uma relação amistosa e informal com o receptor, assim reforçando conexões sociais (WAJNRYB, 2005).

A pesquisa ainda aponta a conclusão de dados experimentais: num estudo com foco jurídico, foi possível observar que os efeitos da linguagem vulgar se dão sem a percepção de quem está recebendo a mensagem. De acordo com Rassin & Van der Heijden, apesar de reconhecerem palavrões como uma tentativa de persuadir, a presença da linguagem aumentou a credibilidade de afirmações ficcionais. Em outras palavras, a gente sabe quando a pessoa está xingando apenas para fortalecer um ponto – mesmo assim, caímos no papo.

Como a polarização cria distorções de percepção

O que torna a polarização tão eficiente é a rejeição do meio-termo. Pessoas mornas e sem opiniões extremas são forçadas a escolher um lado e, por isso, sentem-se obrigadas a tomar uma atitude.

Quando um esporte polariza a torcida, construindo um time inimigo, por exemplo, o torcedor não apenas apoia seu time, ele odeia de maneira ativa o time adversário. Um torcedor do Corinthians dificilmente age de maneira passiva em relação a seu time; o mais comum é que ele também tenha ódio do Palmeiras.

Esse tipo de visão polarizada – "nós contra eles" – acaba provocando distorções na forma como as pessoas envolvidas no tema percebem o mundo. Um torcedor do Corinthians assistindo a um jogo contra o Palmeiras tende a rejeitar qualquer desempenho positivo do adversário.

Mesmo que o Palmeiras se destaque por sua qualidade técnica ao longo da partida, a percepção do corintiano será que o árbitro favoreceu o rival, em geral ignorando momentos nos quais os erros de arbitragem também favoreceram o próprio time. Ao final, é possível que o torcedor não aceite a derrota como mérito do time adversário e julgue favorecimento do juiz ou, apenas, pura sorte.

A mídia e o entretenimento usam bastante dessa construção dicotômica para engajar o público em filmes, novelas e séries de televisão. A construção de bem *versus* mal, famílias inimigas ou opiniões polêmicas sempre foi forte motor de qualquer peça artística.

Um dos exemplos curiosos sobre o efeito mobilizador gerado pelo sentimento de polarização pode ser visto na forma como interagimos com pessoas bonitas. Christian Rudder, CEO do site de relacionamentos mais popular dos Estados Unidos, OKCupid, utilizou seu conhecimento em matemática para analisar alguns dados interessantes. Christian é formado em Matemática pela Universidade Harvard. Em seu livro *Dataclisma*, ele explora uma densa base de dados com mais de 3 milhões de usuários, incluindo do Facebook e do Twitter, para revelar alguns detalhes do comportamento humano.

Em um dos capítulos, o autor apresenta o impacto da polarização na forma como homens interagem – enviando mensagens e iniciando conversas – com as mulheres. O site promovia algumas enquetes perguntando quanto, de 1 a 5, estaria classificada a beleza de pessoas aleatórias, apresentando apenas as fotos dos usuários.

Segundo Christian, o número de mensagens que uma mulher recebe de homens interessados está correlacionado com essa variância da avaliação de sua beleza. Por exemplo, aquela que recebe muitos votos 1, mas também recebe muitos votos 5, possui alta variância na avaliação – sua beleza é considerada polarizadora, diferentemente de mulheres que recebem majoritariamente 4 ou 5. No fim, podemos defini-la como sendo uma pessoa que muitos não consideram bonita, mas outros acham extremamente atraente. Assim, os dados mostram que indivíduos que recebem mais afeição são os polarizadores. Christian ressalta: "E o efeito não é pequeno – ser altamente polarizador de fato trará aproximadamente 70% a mais de mensagens. Isso significa que a variância te permite efetivamente saltar algumas léguas à frente na lista dos interessados".

Ele ainda aponta que uma mulher numa posição baixa no ranking, digamos com 20%, mas com alta variância nos votos, recebe tantas abordagens quanto uma mulher posicionada em 70% no ranking de beleza.

Acho importante enfatizar que esse ranking não era apresentado aos usuários do site, mas apenas uma métrica para produzir estudos quantitativos e qualitativos sobre a relação de quem utilizava a plataforma.

Reconheço que a colocação e o modelo de comparação de beleza em forma de ranking são, de fato, sexistas. Essa é parte da intenção do autor em *Dataclisma*. Seu material utiliza dados do mundo real para demonstrar comportamentos sexistas e racistas que acabam afetando o uso de ferramentas on-line. Aqui utilizo o caso apenas como um forte exemplo de como a polarização cria apaixonados e se apoia em extremos.

Sou simpático porque sou de Libra

Todos gostamos de fazer grandes afirmações a respeito da própria personalidade. De detalhes sobre a forma como nos comportamos – do tipo "eu sou louco com limpeza", até preferências específicas como "só uso camiseta preta" –, as declarações que repetimos o tempo todo fazem mais do que simplesmente apontar uma decisão pessoal. Elas reforçam, em público, a maneira como nos enxergamos e queremos ser percebidos pelos outros.

Todos em algum momento vamos fazer declarações fortes acerca de crenças, visões e valores, formando o que consideramos uma projeção ideal de nossa imagem para o mundo exterior. No entanto, parte delas não servem apenas para apontar o que gostamos, mas também indicam o que estamos mais propensos a fazer em seguida.

É assim, por exemplo, que vejo algumas ações de pessoas apegadas aos signos do zodíaco. É mais provável que alguém do signo de Virgem – e que tem interesse no assunto – assuma uma postura organizada e disciplinada não pela posição das estrelas e astros no momento do seu nascimento, mas para ser consistente com a projeção pública como um virginiano.

O mesmo funciona para quase todas essas afirmações sobre nós mesmos. Agimos mais para nos manter coerentes com a visão que projetamos do que para seguir algo que já estamos fazemos.

Já existem alguns estudos que demonstram esses efeitos. Aqueles que postam fotos de comidas saudáveis, por exemplo, e anunciam dietas em redes sociais tendem a preferir e reforçar o consumo de alimentos no grupo dos "saudáveis". O medo de agir incoerentemente ao discurso sustentado e decepcionar os outros impulsiona nossas ações.

Esse sentimento contraditório entre a projeção pessoal e suas ações cria o que os psicólogos chamam de dissonância cognitiva, forte desconforto ao identificar crenças pessoais conflitantes. Você é roqueiro? Roqueiros não gostam de pagode; logo, você odeia pagode. Pensamentos nessa ordem acontecem com mais frequência do que a gente imagina, muitas vezes em assuntos bem mais sérios do que apenas gostos musicais.

Na polarização política, esse efeito é utilizado para mobilizar pautas e forçar posicionamentos muitas vezes irracionais que não são resultados de uma reflexão anterior. Depois que o terreno está polarizado, basta apontar a situação como "de direita" ou "de esquerda" para que o lado oposto se mobilize sem questionar detalhes.

No fim, como você explicaria para um ser de outra dimensão o motivo de o mesmo grupo de pessoas que apoiam a eutanásia também serem contra a pena de morte e a favor de intervenção do Estado? Ou ainda, aqueles que se reconhecem como cristãos defenderem armar a população com armas de fogo e apoiarem a morte de criminosos ao mesmo tempo que são contra a ajuda do Estado para os mais pobres e necessitados?

Num cenário não polarizado, o normal é que essas opiniões sejam granulares de acordo com algumas percepções pessoais e análises da própria experiência e visão de mundo, ao contrário de grandes grupos defendendo e atacando os mesmos ideais sem óbvia conexão.

Você achou que estava sendo esperto

O que mais podemos observar quando esbarramos em perfis que utilizam linguagem agressiva para se expressar é o exato efeito espelhado do que costumam questionar. Pessoas que são atraídas por eles tendem a abraçar a ideia não por se identificarem inicialmente com a comunicação, mas por enxergarem ali um grupo que se incomoda com os mesmos problemas que elas. Nesse caso, a aversão da sinalização de virtude – que aponta problemas sociais, questiona piadas e humoristas e utiliza pautas progressistas para também atrair audiência – serve como uma característica de identificação.

No fim, não chegam até ali pelos discursos violentos, mas pela rejeição do discurso contrário. Quem abraça essa ideia acredita que está fugindo de uma ideologia e encontrando abrigo num ambiente neutro, mas a polarização e a dissonância cognitiva não permitem que essa suposta neutralidade dure por muito tempo. Não demora muito para a ideia de rejeitar todo o lado oposto e exaltar o que surge do seu lado se torne um impulso. Porque, é claro, o outro lado não pode vencer.

Mas assim como quem utiliza pautas sociais para angariar eleitores, seguidores e fãs, quem fala palavrão, grita e adota uma postura agressiva não faz isso por fazer, mas como estratégia, porque sabe que outras pessoas que rejeitam o oposto também vão se identificar.

Quando olhamos no fundo, a tentativa de rejeição acaba projetando o indivíduo para o extremo, vítima exatamente dos truques que tentava evitar. Ao tentar ser f*da e ligar o f*da-se, acaba caindo na armadilha.

Talvez o ponto mais difícil para evitar qualquer um dos caminhos polarizados seja o esforço necessário para se manter informado o suficiente, questionar os discursos pelo que representam, independentemente do lado que apresenta os argumentos.

Esse é o pior efeito colateral de qualquer liberdade ou modelo democrático. É trabalhoso se manter livre e participar da democracia. Ela exige informação, estudo aprofundado e paciência para evitar atalhos ou consumir materiais superficiais que prometem receitas mágicas com títulos exagerados.

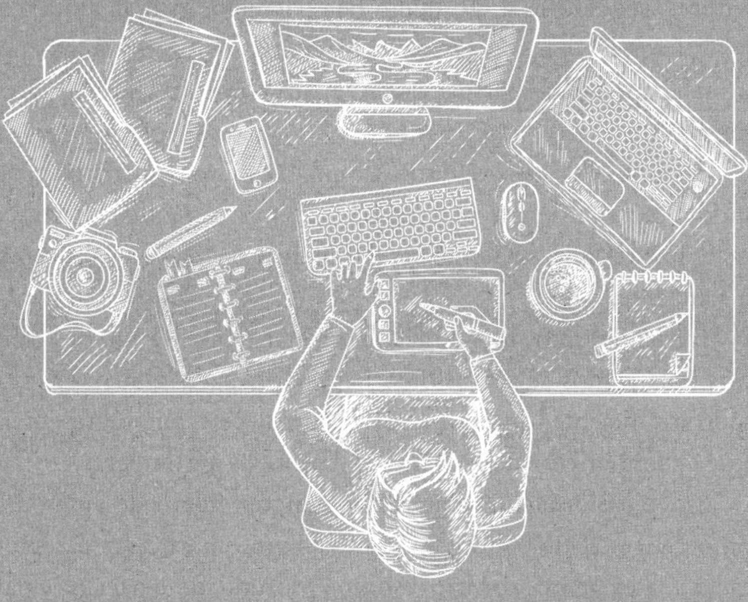

Capítulo 14
Educação financeira não vai fazer você menos pobre

Em 1931, o escritor e historiador norte-americano James Truslow Adams descreveu o que, décadas depois, seria o ideal comum do cidadão ocidental em sua sociedade. Truslow, em seu livro *A epopeia americana*, descreve o *american dream*. O sonho de uma terra onde a vida seria melhor, mais rica e plena para todos, com oportunidades para cada um de acordo com habilidades ou conquistas. O sonho americano foi popularizado não apenas no linguajar popular, mas como objetivo de vida e lema ético dos Estados Unidos.

> É um difícil sonho para a classe alta europeia interpretar corretamente, e muitos de nós mesmos crescemos cansados e desconfiados sobre ele. Não é meramente um sonho de carros motorizados e altos salários, mas o sonho de uma ordem social na qual cada homem e mulher devem ser capazes de alcançar a completa estatura nas quais são naturalmente capazes, e serem reconhecidos pelos outros por quem são, independente das fortuitas circunstâncias de nascimento ou posição.

Na *Carta de uma prisão em Birmingham*, de 1963, Martin Luther King Jr. define a raiz do Movimento por Direitos Civis como a busca afro-americana pelo sonho americano:

> Um dia, o Sul saberá que quando esses filhos deserdados de Deus sentaram-se em aparadores, estavam na verdade fazendo jus ao que há de melhor no sonho americano e o que há de mais sagrado nos valores de nossa herança judaico-cristã, desse modo trazendo nosso país de volta àqueles grandes poços de democracia que foram cavados em profundidade pelos pais fundadores na sua formulação da Constituição e da Declaração de Independência.

O ideal de que todos podem ter a mesma oportunidade independentemente da origem, bastando o próprio esforço e conquistas para alcançar o tão sonhado sucesso, é a base do tal sonho americano e hoje se transformou na meritocracia.

Conforme explicamos anteriormente, a crença de que basta dedicar-se ao trabalho para que se tenha reconhecimento e prosperidade como consequências diretas é a base que alimenta a busca por um novo negócio, uma nova profissão ou conhecimentos em investimento.

Por causa da representação cultural do sonho americano em filmes e séries de televisão, nós, brasileiros, fomos rapidamente contaminados com o mesmo conjunto de crenças. Hoje, podemos desconsiderar classes sociais e afirmar que a maioria das pessoas, em algum grau, acredita que a chave para a prosperidade é o esforço individual.

Além de cursos que prometem fórmulas mágicas para o sucesso, existe outro setor especializado em confundir a opinião popular em sua busca por uma vida melhor. A tal educação financeira carrega a mesma aura das receitas de sucesso, com seus exemplos de gente que conquistou fortunas e gurus milionários que conhecem o segredo para a prosperidade.

No entanto, existe um elemento extraperigoso quando o assunto é educação financeira: o reforço de que o problema da pobreza é causado pela falta de conhecimento. Não é preciso muita investigação para ler que "a diferença entre o pobre e o rico é que o pobre trabalha pelo dinheiro e o rico faz o dinheiro trabalhar para ele". Nessa crença, o pobre só é pobre porque não possui educação financeira.

"Oi, meu nome é Bettina. Eu tenho 22 anos e 1 milhão e 42 mil reais de patrimônio acumulado"

Uma das polêmicas mais recentes sobre o mundo das finanças foi protagonizada por uma jovem que dividiu o país. Bettina apareceu milhões de vezes em ações publicitárias na internet com um argumento poderoso: com apenas 22 anos e um investimento inicial de 1,5 mil reais, a jovem já possuía um patrimônio superior a 1 milhão de reais.

Quando vemos materiais sobre educação financeira na internet, exemplos assim não faltam. São afirmações exageradas a respeito do potencial de investimentos que fogem de qualquer alicerce no mundo real.

A falta de conhecimento das pessoas e a dificuldade em projetar resultados de investimentos com base nos rendimentos do mercado financeiro acabam criando mitos. No entanto, ao observar as principais dicas que muitos gurus da educação financeira fornecem, não conseguimos ir muito além do que o mais puro senso comum.

Pior ainda, ao reforçar que a culpa dos pobres é a falta de educação financeira, conseguimos entender que a visão da esfera privilegiada sobre como é a vida dos menos abastados está bem distorcida. Todo conteúdo trata membros das classes média, baixa ou alta como se fossem pobres. Todos eles ensinam os mesmos 6 passos para superar a pobreza:

1. Descubra onde gasta seu dinheiro – Listar tudo o que gasta para entender onde estão os gastos desnecessários. A ideia central é que gastos desnecessários são os maiores vilões das finanças pessoais e você precisa descobrir para onde vai o dinheiro.
2. Planejamento financeiro – Agora que você já entende seus gastos, é importante criar um planejamento do que precisa ser cortado e dividir seu orçamento de acordo com cada uma das necessidades. E, claro, reservando um percentual da renda total para investir em reserva de segurança e investimentos.
3. Poupar e investir – É aqui que a grande mágica vai acontecer. O objetivo é guardar mensalmente uma quantia que sirva como reserva de emergência, já que grande parte das dívidas é fruto de emergências não planejadas. Outra parte é investir dinheiro no futuro, aplicando dinheiro em algum modelo que busque rendimento de longo prazo.
4. Não gastar mais do que ganha – A construção de dívidas é um dos vilões da saúde financeira, confundindo o planejamento e destruindo os princípios construídos anteriormente. Quando novas dívidas surgem, toda análise, todo planejamento e todo investimento são prejudicados. Você só consegue acumular riqueza quando mantém um gasto inferior ao que recebe.
5. Corte tudo o que não for necessário – Este é um passo cíclico. A revisão de gastos que não são essenciais e fazem parte da categoria "supérfluo" no planejamento financeiro serve para manter a disciplina financeira e reduzir as perdas residuais. Todo excedente vira investimento.
6. Utilize aplicativos e planilhas para controle – Manter tudo registrado para não perder o controle dos ganhos, gastos e manter planejamento alinhado com a realidade. O acompanhamento pontual desses números é a garantia de que todo o resto trará resultado.

Essas dicas fazem sentido apenas para a classe média. Quando falamos de uma grande fatia da população, elas não dizem respeito à realidade.

Não existiria problema algum em fornecer esse conteúdo reconhecendo que a classe média possui um grande problema de identificação. Para ser vista como bem-sucedida, ela gasta muito dinheiro e cria dívidas que geralmente não pode honrar, na maioria das vezes buscando ostentar elementos consumidos pelos mais ricos. Os pobres de verdade precisam resolver outros problemas mais graves antes de absorverem essas preocupações.

O pobre é (ou continua) pobre porque não teve educação financeira

Esse mantra vem sendo repetido pelos gurus e, sem a mínima dúvida, faz parte do terrorismo psicológico criado para vender cursos, livros e produtos. Como sempre, a construção de um cenário negativo que você deseja evitar ao máximo faz parte da construção de uma solução para o problema. É assim que funcionam os discursos de vendas, como já vimos.

No entanto, tais discursos não ficam apenas na publicidade. Faz parte do trabalho de quem os vende construir uma cultura que sustente esses ideais. Repetidos exaustivamente, os argumentos vão sendo absorvidos pela cultura popular e se tornam parte do imaginário. "O rico ganha 7 mil reais e investe o dinheiro, o pobre ganha 7 mil reais e compra um iPhone."

Muita gente acredita que a afirmação supracitada é verdadeira. Vi essa frase sendo reverberada milhões de vezes, rendendo centenas de milhares de curtidas e interações no Twitter. No imaginário popular, o pobre "ganharia" 7 mil reais assim, de surpresa, e gastaria esse dinheiro com um telefone celular top de linha.

Segundo os dados do IBGE (2017), 25% da população brasileira (50 milhões de pessoas) vive abaixo da linha da pobreza. O

Banco Mundial define como pobres aqueles com renda familiar abaixo de 387,07 reais por mês. Os dados mostram que 40% dos brasileiros vivem com menos de 401 reais mensais. A renda anual de alguém que está na linha da pobreza é de 4.644,84 reais, faltando ainda 2.355,16 reais para alcançar os 7 mil que usaria para comprar um iPhone.

A alienação do que realmente significa ser pobre é fruto do discurso da falta de educação financeira como motivo de permanência na situação de pobreza.

O seriado *Atlanta* traz uma cena muito importante e que descreve bem esse cenário. No episódio 4 da série, Earn, o personagem estrelado por Donald Glover, precisa levantar um dinheiro rápido e pede ajuda para seu amigo, Darius. Os dois personagens procuram uma casa de penhor, com o objetivo de penhorar o telefone celular de Earn e conseguir alguns dólares.

Darius vê uma espada na casa de penhores e aconselha Earn a trocar seu telefone pela espada, em vez de dinheiro vivo. Em seguida, os dois encontram asiáticos e trocam a espada por um cachorro de raça. No fim, levam o cachorro para um canil.

A ideia de Darius é simples: usar o cachorro para reproduzir e vender cada filhote por 2 mil dólares em vez de pegar os 200 dólares do telefone celular.

Do ponto de vista da educação financeira, esse é, obviamente, o melhor cenário. Como investimento, 6 filhotes por 2 mil dólares cada é uma opção muito mais vantajosa do que 200 dólares imediatos. Ninguém negaria este fato. Earn, porém, explica para a audiência o que é ser pobre: "Minha filha precisa deste dinheiro. Não em setembro, mas hoje. Olha, eu sou pobre, Darius. E gente pobre não tem tempo para investimentos, pois gente pobre está ocupada demais tentando não ser pobre. Eu preciso comer hoje, não em setembro".

Essa é a realidade que esse reenquadramento da classe média como pobre acaba trazendo. O não entendimento da urgência que representa o dinheiro e a ideia de que os pobres não sabem gerenciá-lo ao não poupar e investir e, por isso, continuam na pobreza.

No entanto, existem dados que apontam na direção oposta. Para questionar a crença de que pobreza é causada por más decisões financeiras e falhas pessoais, os pesquisadores Sendhil Mullainathan (Harvard/MIT) e Eldar Shafir (MIT) estudaram o comportamento e a psicologia das decisões financeiras de pessoas pobres e encontraram informações importantes.

Primeiro, descobriram que indivíduos pobres são melhores do que os ricos em decisões sobre gastos. Como dinheiro é uma variável muito importante quando se possui poucos recursos, toda decisão de compra é diretamente convertida em dinheiro. Os pobres, por necessidade, convertem produtos em sua relação monetária e são menos afetados pelo marketing e artifícios de vendas. Já os mais ricos acabam caindo nessas armadilhas pela alienação entre produto e dinheiro, sendo suscetíveis a propagandas focadas em "estilo de vida" e promessas intangíveis.

Essa linha de pensamento colabora com evidências sobre auxílio de transferência de renda: dar dinheiro para pobres é mais eficiente a fim de erradicar a pobreza do que fornecer produtos e comida. Eles sabem como gastar dinheiro para suas necessidades reais com mais eficiência.

A segunda descoberta é onde mora a maior parte do problema. Segundo os pesquisadores, pobres assumem algumas tarefas financeiras com mais eficiência pelo simples fato de estarem sempre pensando em dinheiro. E quando você pensa em dinheiro o tempo todo, gasta melhor.

Essa preocupação constante causa um desgaste psicológico enorme que os separam das outras classes sociais. Uma pessoa pobre perde até 13 pontos de QI com o estresse financeiro, o equivalente a uma noite inteira sem dormir. Segundo Zhao, quando alguém está sendo consumido por problemas como pagar contas, aluguel ou comer, acaba negligenciando outras questões da vida que merecem atenção.

Pobres ganham na loteria e perdem tudo

Outro argumento que surge sempre que o assunto envolve a educação financeira como causa da pobreza é a suposta ideia de que pessoas pobres que ganham na loteria voltam a se tornar pobres.

Existe até um número cabalístico que encontramos em reportagens que reforçam o mito, segundo as quais 70% das pessoas que ganham na loteria voltam à situação anterior em poucos anos, estatística sustentada pela Fundação Nacional de Educação Financeira dos Estados Unidos. No entanto, um comunicado da própria fundação nega a afirmação perpetuada on-line como não sendo baseada em estudos da instituição.

De acordo com Daniel Cesarini, pesquisador da Universidade de Nova York, apesar do conceito errado que é difundido popularmente, são raros os casos de pessoas que ganham na loteria e perdem todo o dinheiro. Ele afirma que o comum é verificar que o aumento na prosperidade ainda se mantém após uma década.

Como toda notícia que causa impacto no leitor, afirmar que pobres que ganham na loteria voltam a ser pobres tem grande potencial para viralizar e ser compartilhado, mesmo que o órgão oficial citado por essas reportagens não confirme os dados.

Educação financeira não é para gente pobre

O fato é que a maioria das dicas que são divulgadas com foco em educação financeira não é aplicável aos mais pobres e existe um motivo simples para isso. Para eles, a vida está repleta de gastos futuros que são acumulados ao longo dos anos. A não ser que surja uma mudança drástica e mágica, a maior parte do dinheiro que for adicionado à sua renda será utilizada para solucionar outros problemas urgentes que foram sendo adiados.

A crença de quem sustenta a visão da educação financeira é que um acréscimo de 200 reais à renda mensal do pobre deveria ser foco de poupança e investimento, como se a pessoa que já vivia sem esse dinheiro pudesse utilizá-lo para poupar e investir. A realidade, porém, é bem distante.

O estado de pobreza traz necessidades importantes, e uma delas é a escolha do critério de urgência na resolução dos problemas. No entanto, na maioria das vezes, situações de igual urgência são deixadas de lado pela falta de recursos. O mais comum é que qualquer dinheiro a mais seja utilizado para cobrir reparos em casa, problemas de saúde e odontológicos e outras questões de infraestrutura.

Dona Maria, por exemplo, precisa escolher qual a única refeição do dia que vai dar para seus filhos. Não é raro que fique sem comer para que os dois filhos possam se alimentar. O pouco dinheiro não dá para comprar mais do que arroz, farinha e ovo. As telhas da casa estão quebradas e parte do muro caiu com a última tempestade. Agora, quando chove, a água invade a casa e os poucos móveis já estão apodrecendo. Márcio, seu filho mais velho, usa um tênis furado e camiseta rasgada para ir à escola há mais de um ano. Ambos os filhos possuem problemas dentais causados pela má nutrição.

Como alguém em tais condições pode pensar em reservar 10% do salário para emergência ou investir para lucros futuros? Não existe verba para emergência quando sua vida é a própria emergência.

Educação financeira pode servir muito bem para quem nasceu na classe média entender o valor e a importância do dinheiro, que nunca precisaram decidir entre comer ou pagar a conta de luz. No entanto, quando falamos de pessoas pobres, é preciso entender que existe um universo de preocupação e problemas que precisam ser solucionados antes de poder pensar em todas as outras necessidades.

Normalmente, quando pobres tentam aplicar as dicas clássicas de educação financeira, sentem-se impotentes – ao organizar as planilhas e verificar que possuem 5 ou 10 vezes mais dinheiro para sair do que entrar, sendo afogados em dívidas e pela percepção de fracasso.

Quando vemos ricos e de classe média alta afirmando que o segredo para sair da pobreza é gastar menos do que ganha, parece até uma piada de mau gosto, uma vez que pobreza significa exatamente não ganhar o suficiente para suprir custos básicos.

Por enquanto, ninguém encontrou solução melhor para pobreza que simplesmente entregar dinheiro vivo aos pobres. Com as necessidades básicas supridas, eles podem começar a pensar em desenvolvimento pessoal, investimentos e outras formas de crescimento.

Capítulo 15
As dificuldades de empreender são as mesmas para homens e mulheres

Era quarta-feira, perto das 11 horas da manhã. Eu passeava pela trilha de palestras de um dos eventos de tecnologia mais importantes do mundo, a Campus Party. Confesso, sem vergonha alguma, que andava em busca de discursos absurdos para comentar no Twitter, mas não imaginei que encontraria algo assim. Fiquei bem feliz ao esbarrar com o painel "Empreenda como uma garota", um palco com quatro mulheres falando sobre a presença feminina no empreendedorismo.

Para minha surpresa, a conversa não começou na direção que eu imaginava. Pelo contrário, uma moça levantou-se da cadeira e disse que, em vez do que dizem, ela só encontrou apoio dos homens em sua jornada.

A palestrante projetou uma foto do Monte Everest dividido ao meio com duas cores sobrepostas, metade azul, metade rosa. No meio podíamos ver os dois símbolos cruzados, o espelho de Vênus e o escudo de Marte, numa tentativa de representar homens e mulheres em condições iguais na escalada para o sucesso.

Foi aí que uma frase marcou minha manhã. A convidada soltou uma linha de pensamento que exige um pouco de atenção ao ser levantada: "As dificuldades de empreender são as mesmas para homens e mulheres".

Uma breve história das mulheres no trabalho

Quando ouço discursos de que minorias estão em posição de igualdade na sociedade em relação aos pares privilegiados, a sensação que me passa é que, para quem afirma isso, pessoas nascem num vácuo no qual nada do que aconteceu no passado tem influência.

Lembro que, quando estava na adolescência, minha visão de mundo ignorava qualquer questão que tivesse acontecido antes do meu nascimento. É claro que esse é um viés de confirmação comum, uma projeção da realidade na qual apenas o que você conheceu tem real relevância.

Aulas de história são vitais para quebrar essa relação de importância e o impacto quanto aos acontecimentos históricos. Eventos como revoluções, grandes guerras ou crises migratórias representam uma grande força na direção do que acontecerá muitos anos depois. E, mesmo do ponto de vista do indivíduo, a história é indissociável de eventos que ocorreram poucos anos antes de nascer, a cultura que os pais cultivavam, as oportunidades que tiveram e os problemas que enfrentaram.

É por isso que, antes de falar das oportunidades das mulheres no mercado de trabalho ou no empreendedorismo, é necessário revisitar um pouco a história, mas não precisamos ir muito longe.

Até não muito tempo atrás, mulheres recebiam uma criação com foco em se tornarem boas esposas e donas de casa. A educação familiar era voltada aos cuidados com lar e filhos, dificilmente com incentivos para buscar ensino superior e carreiras profissionais.

A desmotivação para enfrentar um universo diferente surgia com frequência na família, com a cultura da dona de casa sendo transferida de pais e mães para filhos e filhas. Homens esperavam que as mulheres cumprissem esse papel, e estas eram treinadas para acreditar que era sua principal função social.

No Brasil, as más condições de trabalho e salários inferiores em relação aos homens contribuíam bastante para que a busca por uma vida profissional fosse abandonada pelas mulheres. Quando esses fatores são somados à cultura patriarcal, tornam-se obstáculos difíceis de serem superados.

A ausência feminina no mercado e a preferência masculina para execução de trabalhos tanto físicos quanto intelectuais propagam consequências perigosas. Mesmo quando mulheres conseguem alcançar posições de liderança, acabam sofrendo preconceitos gerados por uma visão social que as reforça como emotivas e descontroladas, enquanto homens são tidos como práticos e diretos.

Existe muito mais na camada social do que apenas o resultado do esforço individual. E por mais que seja possível transpor essas barreiras, a dificuldade apresentada para demonstrar resultados diante de estereótipos e prejulgamentos estabelecidos na sociedade cria barreiras muitas vezes intransponíveis para mulheres.

O papel da mulher empreendedora

Um estudo chamado Mulheres Empreendedoras e Problemas das Mulheres Empreendedoras, publicado pelo periódico *International Journal of Innovative Research in Science, Engineering and Technology*, traz um panorama interessante do papel da mulher que busca empreender e as complicações que precisa superar em busca da conquista profissional. Um dos pontos interessantes abordados no estudo é a separação dos vários papéis que uma mulher precisa representar na sociedade, muitas vezes alienando-a do próprio papel que gostaria de assumir.

Elas costumam assumir múltiplas tarefas e intercalar entre a posição de esposa para o marido, mãe e exemplo para as filhas e, mesmo depois de adulta, fruto de orgulho para os pais. Além disso, é comum que participem, como membros da comunidade, de atividades que envolvem religião, cultura local e a escola onde os filhos estudam.

Essa demanda de responsabilidades é frequente e elas não conseguem se dedicar ao que querem. Pela construção da sociedade, tal peso costuma ser maior e mais exigente em mulheres do que em seus parceiros homens.

Para a sociedade, o homem que trabalha doze horas diárias é um exemplo de funcionário. Uma mulher com o mesmo comportamento seria vista como uma mãe relapsa, uma filha ausente e uma esposa ruim. O julgamento das decisões femininas sempre traz a repercussão das expectativas de seus outros papéis sociais.

A mulher que se dedica ao trabalho da mesma forma que um homem sempre receberá críticas sobre sua conduta além do aspecto profissional. Homens quando priorizam o trabalho têm desconto de suas atribuições pela justificativa da renda e do sucesso profissional.

As dificuldades das mulheres empreendedoras

A barreira financeira

A maioria das mulheres precisa se apoiar no dinheiro próprio para poder começar um negócio. Empréstimos bancários são utilizados em uma pequena parte dos casos, mas ainda partem de capital próprio. O acesso ao crédito bancário tende a melhorar depois que o negócio está estabelecido. A falta do dinheiro inicial dificulta a criação de estoque para os produtos e investimento em marketing e publicidade.

Requisitos administrativos e regulamentais

Grande parte das micro e pequenas empresas enfrentam dificuldades em ajustar seus negócios de acordo com os requisitos exigidos por lei. Dados os altos custos desses processos, as entidades especializadas em ajudar mulheres empreendedoras definem este como o principal problema enfrentado por empresas fundadas por mulheres. O estudo aponta, então, que as barreiras administrativas e regulações tendem a ser um problema maior para empresas fundadas por mulheres do que empresas fundadas por homens ou familiares, possuindo estruturas do mesmo tamanho.

Falta de habilidades em marketing e vendas

Este é um problema presente em praticamente todos os negócios, mas não menos importante quando falamos do empreendedorismo feito por mulheres. Essas habilidades são fundamentais para a melhoria da gestão de qualquer negócio.

Falta de contato com tecnologia

Também é um dos problemas comuns enfrentados por todas as empresas, mas que o documento destaca como uma preocupação em negócios geridos por mulheres. Assim como tecnologia, conhecimentos sobre propriedade intelectual acabam trazendo grandes dificuldades.

Incentivo e autoconfiança

Como parte da cultura já descrita, mulheres tendem a aceitar com mais facilidade o estado de subordinação e, como resultado, deixam de confiar em sua própria capacidade. Mesmo em casa, membros da família não confiam na sua capacidade de tomar decisões.

Acesso ao capital de giro

Ser mulher e tomar alguma iniciativa é muito difícil pela falta de acesso aos fundos de investimento. Quando solteiras, mulheres tornam-se dependentes dos pais e, quando casadas, são levadas a seguir os passos do marido. Como consequência, elas raramente possuem bens que podem servir como segurança ao crédito. Como normalmente não possuem o direito sobre alguma propriedade, é uma tarefa árdua assumir empréstimos em bancos ou acessar as diversas formas de crédito.

Mobilidade limitada

Como normalmente compartilham diversos papéis, incluindo empreendedora e dona de casa, o tempo disponível para dedicar-se ao trabalho costuma ser reduzido, e os períodos em que podem se ausentar em viagens profissionais também é bastante limitado. A mobilidade reduzida afeta diretamente o potencial dos negócios.

Uma sociedade dominada por homens

As decisões das mulheres normalmente precisam ser aprovadas por seus maridos ou pais, tanto nas questões sobre a família quanto nos próprios negócios. Como não são tratadas como iguais, sua liberdade de ação é reduzida.

Impossibilidade de assumir riscos

Pela sociedade dominada por homens, a possibilidade de escolher riscos maiores também é reduzida. Por causa da superproteção cultural em cima das mulheres, o limite dos riscos que podem assumir costuma ser bem pequeno. Apesar de tudo isso, os resultados são excelentes.

A descrença na capacidade de mulheres diante de empresas e posições que exigem liderança não se sustenta quando observamos o resultado. A consultoria americana *Boston Consulting Group* aponta alguns dados interessantes sobre a eficiência de empresas geridas por mulheres.

- Empresas criadas por mulheres têm em média investimento de 953 mil dólares, o que é menos da metade dos 2,1 milhões de dólares investidos em empresas criadas por homens.
- Apesar da disparidade no investimento, empresas geridas por mulheres apresentam um faturamento acumulativo de 10% a mais nos cinco anos seguintes. São 730 mil dólares contra 662 mil.
- Existem também evidências da eficácia em relação a cada dólar investido. Empresas fundadas ou cofundadas por mulheres

apresentam um retorno de 78 centavos por dólar. Startups criadas por homens trazem retorno de apenas 31 centavos.

Quando questionadas sobre diferenças nos resultados, empreendedoras revelam que, como recebem menos confiança na hora de apresentar seus negócios, tendem a ser ultraconservadoras e mais realistas ao apresentar suas projeções, enquanto homens com frequência exageram no discurso e se vendem com expectativas exageradas.

O reflexo desse comportamento é que mulheres recebem menos investimento e precisam ser mais criativas na hora de solucionar seus problemas, entregando mais resultado com menos recurso. As dificuldades são enormes, mas as mulheres apresentam resultados sólidos.

O mundo é maior do que sua experiência pessoal

O problema da pessoa que não enxerga os próprios privilégios está enraizado na forma como percebe a sociedade. Como nosso mundo é complexo, exceções à regra não são uma surpresa. Uma mulher alcançar o topo de uma empresa e dizer que não sofreu preconceito ou barreiras não é impossível, mas, observando o contexto amplo da sociedade, sabemos que tal experiência está longe de representar a realidade da maioria.

Saber reconhecer quando sua realidade é excepcional faz parte do trabalho para não propagar visões incorretas e preconceitos. Posicionar como igual a relação feminina pela busca de oportunidades ofusca problemas graves – e que precisam de todo holofote possível para que sejam discutidos, compreendidos e tratados.

É obvio que ninguém espera que todas as mulheres passem pelos mesmos problemas apenas para justificá-los. Pelo contrário, quanto menos isso acontecer, melhor será para toda a população.

É preciso também apontar que a abordagem aqui citada não inclui mulheres que possuem dificuldades extras. Por exemplo, mulheres negras, trans ou homossexuais são esmagadas por um adicional de resistência e preconceitos específicos.

No entanto, o exercício de observar o próprio mundo sem esquecer o cenário amplo é chave para não propagar ainda mais uma cultura que já torna tudo um pouco mais difícil.

Capítulo 16
Como não planejar uma vida de sucesso: você não precisa saber aonde quer chegar

Uma das frases mais comuns do modelo de vida moderno é dizer que você precisa saber aonde quer chegar. Não importa se é o pastor da igreja, o personal trainer ou seu vendedor de sonhos preferido. Ela é repetida milhões de vezes nos mais diferentes meios, mas quase sempre para vender uma ideia mais profunda sem que você perceba.

Só que a vida é muito mais complicada que uma simples estrada na qual você se localiza por meio do GPS. Existe muito mais na complexidade do mundo real do que nossa mera projeção mental nos permite abstrair.

Como vender um modelo de vida

Se existe algo que o marketing faz bem é testar na prática modelos e princípios da psicologia moderna. Mais do que os próprios laboratórios de pesquisa em universidades, profissionais de marketing testam diariamente hipóteses com uma grande amostragem, sabendo muito bem o que funciona e como aplicar.

Por mais que não seja um método de todo científico, qualquer profissional que trabalhe com campanhas on-line sabe – ainda que de maneira intuitiva – quais palavras e padrões deve repetir para aumentar o engajamento e conquistar novos clientes.

Uma dessas ferramentas extremamente difundidas entre marketing e vendas são os famosos gatilhos mentais, uma forma de estimular impulsos subconscientes do comportamento humano. A maioria de nós até sabe reconhecê-los, mas ainda assim caímos no truque por considerar, no inconsciente, que, apesar do estratagema, seremos beneficiados.

É com base nisso que desde o começo da publicidade e do marketing organizados encontramos práticas muito parecidas. São técnicas que transmitem autoridade, escassez, urgência e outras formas de brincar com nosso subconsciente sem que esses artifícios sejam realmente verdadeiros ou façam alguma diferença em nossa vida.

É por causa do gatilho de autoridade que você sabe que a Colgate é a marca número um em recomendação dos dentistas e que nove a cada dez dentistas recomendam Oral-B – ainda que não exista comprovação alguma dessas afirmações e dentistas normalmente prefiram Curaprox para escovar seus dentes.

É por causa dos gatilhos de prova social que você entra em sites de empresas e encontra testemunho dos clientes, que review na Amazon é muito importante para os autores e a Anitta é paga pela Samsung para usar o novo smartphone, mesmo tendo um iPhone.

Grande parte dos argumentos de vendas se baseia em tais princípios e, quando falamos de vender sonhos ou ideologias, esses argumentos não são diferentes:

- Autoridade – "Tenho vinte anos de mercado."
- Prova social – "Fulano, que inclusive é um grande amigo meu, concorda comigo quando digo isso."
- Antecipação – "Pense agora na vida ideal que você quer levar, sua esposa, seus filhos, a casa onde quer morar."

- Relação dor *versus* prazer – "Você vai mesmo comprar um carro sem ar-condicionado para andar no Rio de Janeiro fazendo 42 graus no verão?"

São elementos presentes em todo discurso para convencer alguém de que um modelo é melhor e deve ser adotado, e tudo isso vem carregado na simples afirmação: você precisa saber aonde quer chegar.

Imagine a vida ideal que deseja para seu futuro

Todos têm um ideal de vida, um ponto confortável que seria interessante alcançar e as preocupações seriam bem reduzidas. Onde você quer estar aos 45 anos de idade?

Você não acha que seria legal ter uma SUV branca com banco de couro bege, um apartamento no Itaim Bibi, daqueles com vista para a piscina onde você pode ficar vendo os filhos pela sacada enquanto brincam? É interessante poder fazer viagens internacionais com sua família e, é claro, ter um cachorro pequeno daqueles que ficam no colo e parecem que vão morrer do coração quando começam a latir.

Esses sonhos, porém, são caros. Tudo isso aí não vai sair de graça. Imagine quanto não custa uma SUV equipada? Um apartamento num dos lugares mais caros do país também não é barato. Da escola dos seus filhos ao pet shop do cachorro, tudo tem um custo alto.

Agora imagine uma profissão ideal numa carreira impecável. Você é formado por uma grande universidade, foi promovido rapidamente até chegar ao topo da hierarquia corporativa. Mesmo nessa realidade, o salário não é compatível com o estilo de vida dos sonhos. Com essa vida de empregado, carteira assinada e salário mensal, com trajetória exemplar, você não chegará perto dessa utopia.

Agora pense que você está mais longe ainda dessa carreira e de ter um salário capaz de construir esse cenário. Com essa vida de CLT, décimo terceiro e FGTS você não conquistará tudo isso.

Qual o único jeito de transformar esse sonho em realidade? Empreendendo.

Só existem duas realidades: empreender ou emprego convencional, e você precisa escolher uma delas.

A anatomia de um discurso de vendas

Tudo o que foi dito antes parece fazer bastante sentido quando acompanhamos nossa linha cronológica, mas o que não estamos vendo nele?

Comecei explicando gatilhos mentais, mecanismos que são utilizados para fortalecer argumentos e aumentar o controle sobre os resultados de uma venda. Esse conhecimento é importante para analisar um discurso e entender exatamente como estamos sendo enganados.

No entanto, todo discurso, em geral, é precedido por dois atrativos iniciais que fazem você parar e ouvir o que está sendo dito: autoridade, ou seja, "eu sou muito rico e fiz isso na minha vida; logo, você tem que acreditar em mim"; e prova social, "essas pessoas que vocês admiram tanto estão concordando comigo".

Com a atenção conquistada, agora é preciso trabalhar a imaginação e ativar o gatilho de antecipação, fazendo você visualizar tudo o que deseja, transportando da forma mais convincente possível para o cenário idealizado. Mais ainda, a situação pode nunca ter existido na sua imaginação, mas, por meio de perguntas, é fácil plantar uma ideia que você acredita ser sua.

"Você não acha que seria legal ter uma SUV branca com banco de couro bege?" A ideia pode nem mesmo estar de acordo com sua personalidade. Ainda que uma SUV branca com banco de couro bege não seja o carro que você sonha, a imaginação adaptará o que está sendo dito para sua expectativa. Eu vou falar SUV branca, mas você pensará: "SUV não, mas um Mini Cooper conversível vermelho com couro branco seria muito legal".

Com o sonho que eu construí para você, o gatilho de antecipação já foi acionado. Você agora já acredita que essa é a realidade que deseja para o futuro.

No entanto, nem tudo são flores e não basta oferecer meu modelo. Eu preciso que você sinta na pele que não poderá realizar seu sonho se não seguir o que estou dizendo. Você precisa sentir a dor de fracassar. Eu tenho de emocioná-lo. Aqui eu aperto outro gatilho, a relação dor *versus* prazer. Faço-o entender o quanto está distante do que quer e que nem no melhor dos cenários você chegará lá.

Com todos os gatilhos armados, fica fácil apresentar a solução. Como é praticamente impossível chegar com um trabalho convencional, *non sequitur**, você precisa empreender.

O falso dilema é a cereja do bolo para convencer que só existem os dois caminhos a serem seguidos: em um deles você não vai viver como sonha; no outro, tudo é possível.

Construindo uma narrativa que torna empreender a única forma de alcançar a vida desejada, o vendedor esconde duas informações importantes e sobre as quais, para ele, não é interessante que você tome conhecimento. A primeira é que empreender, na maioria dos casos, não faz a pessoa mais rica. E, de acordo com as estatísticas, não o deixará mais próximo do seu sonho.

Por que achamos que empresários ganham bem?

No Brasil, segundo a *Global Entrepreneurship Monitor*, 71% dos empresários declaram uma renda familiar de até três salários mínimos, um total de 2.811 reais. Mais ainda, apenas 1,63% declara uma renda familiar maior que nove salários mínimos, acima de 8.433 reais por mês. A primeira reação a esses dados é pensar: "É claro. Se declararem uma renda muito mais alta, vão pagar mais impostos".

---

* *Non sequitur* é uma expressão em latim que significa "não se segue", utilizada para se referir à falácia lógica, na qual a conclusão não respeita a premissa apresentada. É o famoso salto lógico.

Primeiro, acho perigoso afirmar que quase todos os empresários estão sonegando impostos. Segundo, ao observar o faturamento – não a renda –, esses dados conversam muito bem.

De acordo com o Sebrae, 45,7% dos empresários afirmam que seu negócio fatura até 1.000 reais por mês e 30% dos negócios ainda não faturavam nem 1 real no momento da pesquisa.

Existe essa fantasia de que ter empresa e ser empresário significa entrar num oceano azul de dinheiro fácil no qual, por mais difícil que seja a jornada, o resultado será muito melhor que uma vida com CLT e salário no fim do mês.

Isso, porém, não é verdade.

A maioria dos pequenos e médios empresários que você vê andando de roupa cara e carro novo está fazendo isso com base em empréstimos, misturando recursos da empresa para atingir vantagens pessoais. É muito fácil justificar que, ao investir em você, também está investindo na empresa – mesmo quando você só quer um iPhone novo ou um carro importado.

Eles têm 50, 100, 200 mil reais na conta, mas isso normalmente é apenas um dinheiro que conseguiram para alavancar o empreendimento. Receita e lucro de verdade, muitas vezes, não existem.

O mesmo erro acontece quando falamos de startups que recebem investimento. Um empreendedor que recebeu 5 milhões de dólares de um fundo para desenvolver o negócio não ficou milionário com sua ideia. Ele agora até pode ter um bom salário para se manter, mas ainda está operando no negativo. Dinheiro de investimento não é resultado financeiro. O empreendedor não fica milionário ao receber um investimento.

Como estamos acostumados a ver esses fenômenos acontecendo, jovens recebendo milhões em investimentos e pequenos empresários comprando a Hilux do ano, começamos a pensar que empreender dá muito dinheiro. Mas não dá.

Na prática, se a gente plotasse um gráfico relacionando renda com a quantidade de empreendedores, o resultado seria algo mais ou menos assim: uma fatia muito pequena ganha uma grande quantidade de dinheiro; todo resto ganha muito pouco, quase nada ou nada.

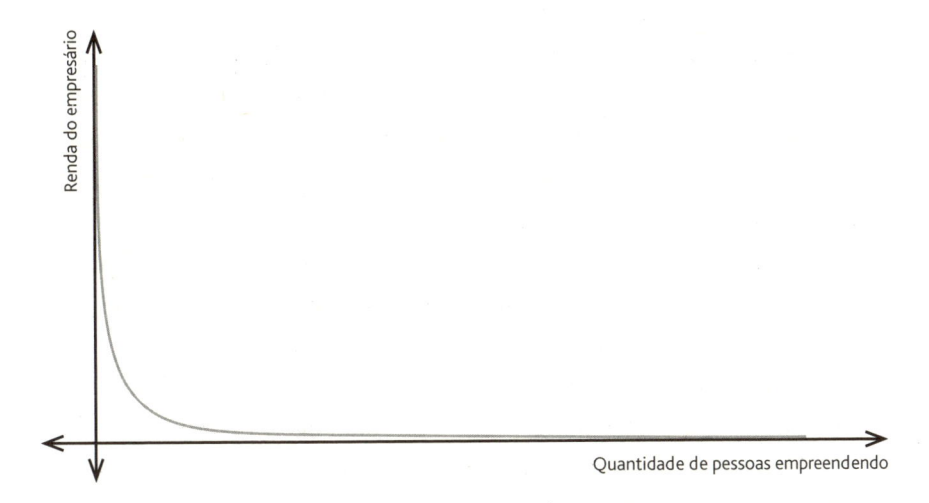

[Gráfico: eixo vertical "Renda do empresário", eixo horizontal "Quantidade de pessoas empreendendo", mostrando curva de decaimento exponencial]

Aqui é preciso ficar alerta: um dos truques básicos para se convencer alguém de algo que na realidade funciona como uma cauda de extremos é apresentando apenas a média das informações na qual se escondem perigos. A média não significa que a maioria das pessoas está nessa posição.

Em outras palavras, a média de renda dos empreendedores não quer dizer que a maioria recebe essa quantia. Uma pequena parcela que recebe entre 50% a 98% a mais do que todo o resto a eleva para cima, mesmo quando uma grande parte não fatura absolutamente nada. Lembre-se sempre – repito aqui: se a profundidade média de um rio for de 1 metro, é melhor você não tentar atravessá-lo.

A vida real é confusa e (quase) imprevisível

O segundo ponto que o argumento não aborda é que a vida nunca é linear como fazemos parecer. Praticamente ninguém que tem um carro de 150 mil reais o comprou à vista com o primeiro salário como diretor de multinacional. Ninguém mora num apartamento caríssimo como primeira escolha de moradia. Esses patrimônios são construídos aos poucos, ao longo de décadas e, normalmente, a partir de patrimônios antigos.

Alguém que acabou de comprar uma Land Rover nova provavelmente teve um Gol bola, que virou um Vectra usado e que depois foi dado de entrada para um Toyota Corolla zero. Esse Corolla novo serviu, após uns dois anos, de entrada para a Land Rover, que será paga em mais cinco anos.

As coisas não acontecem e não serão pagas à vista com o salário imediato, ainda que seja de 25 mil reais mensais. Tudo isso são construções que fazemos ao longo da vida contando com a ajuda de muitas pessoas, incluindo nosso par romântico. Sem falar que existe, na maioria dos casos, muito apoio financeiro familiar.

Considerando que você precisa de todas essas coisas (e isso também não é verdade), pessoas e oportunidades que surgem em nossa vida, interesses, vontades e aspirações mudam bastante com o passar dos anos. Às vezes, você sempre sonhou em morar nos Jardins, mas o lugar onde trabalha é longe demais para valer a pena. Sua vontade era ter uma Land Rover, porém saiu um novo modelo sedan e mais barato que o conquistou.

Você não conseguiu comprar nada exatamente como quis, mas o que tem é bom o suficiente para que a vida siga com tranquilidade. Não satisfazer desejos não significa que você será menos feliz. Pelo contrário, alcançar todos esses sonhos provavelmente não lhe trará felicidade.

Mesmo que tudo tivesse acontecido como planejado, você acordaria depois de alguns meses tentando entender o que ainda falta.

Todas essas coisas não representam uma relação linear de felicidade. Você não é duas vezes mais feliz se comprar um carro duas vezes mais caro. O mesmo é verdadeiro para o dinheiro que ganhamos. De uma quantia em diante, nossa percepção de bem-estar subjetivo – o nome científico para felicidade – não se altera tanto.

No fim, você consegue avaliar por comparação que sua vida está melhor, mas não se sente mais feliz.

E não posso deixar de reforçar que não construímos nossa vida com base apenas na renda mensal, e sim com o acúmulo da nossa composição de renda familiar. Considerar que numa casa apenas uma pessoa trabalha é completamente fora da realidade moderna.

No fim, cada camada da nossa vida é tão mais complicada que reduzi-la a carro, casa e férias de fim de ano não faz sentido. Aliás, soa risível depositar a felicidade neles. E você pode estar pensando: "Eu seria bem mais feliz se fosse rico, você está viajando". Não é o que as pesquisas indicam.

Um estudo comparando nível de felicidade de vítimas de acidentes que ficaram paralisadas e vencedores da loteria nos traz um resultado interessante. Vencedores de loteria não reportaram aumento na felicidade. O fácil acesso, na verdade, removeu os prazeres das pequenas coisas mundanas.

Já as vítimas de acidentes demonstraram sofrer de forte nostalgia em relação ao seu passado, o que fazia reduzir os níveis de felicidade. No entanto, quando a nostalgia é superada, elas se sentem alegres de novo.

Como estamos falando de um argumento de vendas, basta lembrar que o objetivo é criar uma necessidade para vender uma solução. Para quem vende sucesso, estilo de vida milionário e baseado no consumo, só é preciso convencer de que seus sonhos dependem de ganhos materiais e fornecer uma suposta forma mais fácil de alcançá-los.

Não existe GPS para a vida

A afirmação de que precisamos saber para onde vamos segue com a conclusão de que é necessário traçar um destino para ser seguido. Esse planejamento funcionaria como um GPS para nossa vida, com um lugar aonde queremos chegar. Como já explicamos, por mais interessante que essa metáfora possa parecer, ela carrega um erro comum: não saber diferenciar o mapa – ou GPS – do território a ser percorrido.

O problema mapa-território é bastante abordado como analogia para descrever a diferença entre um objeto e essa representação. Muitas vezes, a diferença da teoria sobre um assunto e a aplicação prática do conhecimento.

Mapas são superficiais. Quando eu abro o Google Maps no meu celular e digo que vou dirigir de Chapecó a Florianópolis, o que o aparelho me apresenta é uma versão simplificada do que existe no caminho. O território é muito mais complicado e confuso.

Pior ainda: mapas se tornam desatualizados com muita facilidade. É possível que uma estrada esteja em obras, mas só vou descobrir quando estiver dirigindo pelo caminho. É possível que, no momento que saí de casa, a principal ponte de acesso ao meu destino esteja interditada e eu jamais consiga chegar ao objetivo.

Se numa relação extremamente simples entre uma estrada e um GPS a realidade já se diferencia bastante da representação, quando falamos da complexidade da vida com todas as variáveis que possui, traçar um plano é ainda mais difícil. Por óbvia limitação, não temos como saber o que não sabemos. Em questão de algumas semanas podemos mudar por completo a direção do que achamos interessante.

Só fui descobrir as reais opções que tinha para minha vida perto dos 30 anos. Quando decidi minha formação aos 18, não fazia ideia das outras opções que poderia encontrar no caminho. Quanto mais você confia no que acha que sabe, maiores são as chances de estar errado.

O que faço hoje para viver não tem nenhuma relação com o plano que fiz ao terminar meu Ensino Médio, porque naquele momento nem existia essa opção.

O território da vida reage com muita intensidade a pequenas mudanças. Exposição ao desconhecido exerce uma influência muito grande no que vamos fazer dali em diante. Pessoas, conhecimentos, paixões e informações novas podem transformar completamente todo o nosso plano da vida e fixar um destino imutável na maioria das vezes é garantir que terminaremos num lugar que parecia interessante no início, mas depois nem acharemos tão bacana assim.

Tente não vencer na vida

Numa sociedade construída em cima da ideia de grandes heróis e personagens vencedores, ouvir que não devemos tentar vencer na vida pode soar absurdo. É como assumir um atestado de pouca ambição, conformista e, é claro, perdedor. No entanto, volto a afirmar, o mundo é bem mais complicado.

Existe uma ideia interessante popularizada pelo filosofo religioso James P. Carse, que nos expõe uma nova forma de enxergar o mundo. Em seu livro, *Jogos finitos e infinitos*, Carse descreve duas formas de jogar o "jogo da vida".

Para o autor, jogos que possuem vencedores são finitos – eles chegam ao fim. Um torneio de tênis pode ter um vencedor. Existe um momento em que o vencedor é definido. Um jogo finito obrigatoriamente tem um ganhador – seja time ou dupla –, e todos os outros jogadores serão considerados perdedores. O único propósito de jogar um jogo finito é vencer.

Carse traz outro conceito, que ele chama de jogos infinitos. Ao contrário do modelo anterior, eles não possuem vencedores nem perdedores. O foco não é vencer. O único objetivo de um jogo infinito é continuar jogando.

Como uma alegoria, podemos encarar a vida dentro de um dos dois modelos de jogos. Podemos buscar chegar ao fim ou continuar jogando com o objetivo de permanecer no jogo.

O problema é que jogos finitos são autolimitantes. Só existe um resultado possível. Ou você chega ao topo, ou você é um perdedor. Não importa como foi sua trajetória: todas as contribuições que deu para o mundo ou todos os detalhes que compõem uma longa vida. Se você não está no topo, perdeu.

Jogos infinitos, no entanto, focam mais na trajetória do que diretamente no resultado. Como o objetivo é seguir jogando, todas as contribuições e detalhes são importantes. Fazer a filha sorrir, abraçar o marido, andar de mãos dadas no parque, aprender um novo idioma: são pequenas conquistas que apenas somam ao objetivo, mas que para os jogos finitos não importam.

Quantos grandes executivos e CEOs bilionários não são conhecidos por negligenciarem a família, amigos e vida pessoal para criar um império? Eles eliminam a importância de todo o resto na busca para vencer o jogo finito que traçaram para a vida.

Para o infinito, porém, não importa se você não é doutor em Letras-Mandarim. Conseguir se comunicar, transmitir uma mensagem e seguir aprendendo é gratificante o bastante para continuar.

É por jogar a vida como jogos finitos que na maioria das vezes desistimos de atividades de que gostamos muito. Começamos a tocar guitarra e temos certo prazer nisso, mas, quando entendemos que dificilmente seremos o próximo Joe Satriani, nosso prazer desaparece. Anos depois, o mesmo acontece com o judô, o balé e a natação.

A vida de qualquer adulto é repleta de esqueletos como esses: atividades que abandonamos ali, nos 20 e poucos anos, porque precisávamos focar em vencer. Com a mentalidade dos jogos finitos, não existe razão para seguir com elas. O prazer que nos proporcionam não importa; se não posso ser o melhor, não valem a pena.

Na direção oposta, enxergar a vida como um jogo infinito abre espaço para um mar de possibilidades. Não importa se você é o melhor: apenas o que consegue extrair de positivo de cada momento. Você não é bom com a guitarra, mas chega em casa, enche uma taça de vinho e toca as mesmas cinco músicas que sabe e isso lhe dá prazer? Sem problema. Você pode seguir fazendo tudo o que lhe faz bem – porque é isso que irá mantê-lo feliz ao longo do jogo.

No mesmo ritmo, jogos finitos nos aprisionam com o medo de abandonar atividades de que não gostamos mais. Um jovem empreendedor que construiu uma empresa famosa fica preso nesse modelo, porque abandoná-lo e voltar a ser funcionário significaria uma grande derrota.

No entanto, para o jogo infinito essa renúncia não representa nenhuma ameaça. Outros elementos que serão agregados com essa mudança valerão ainda mais a pena. Tornarão o jogo infinito melhor de ser jogado. Jogos infinitos nos proporcionam aventuras por inúmeros jogos finitos ao longo da vida, mas jogos finitos só podem contemplar a si mesmos.

Agora pense um pouco: que distorção da realidade é necessária para que consideremos alguém que venceu na vida uma pessoa muita rica, porém sem tempo para família e amigos, amargurada, com problemas de depressão e estresse, mas uma perdedora aquela mãe solteira de bairro pobre que criou um filho longe das drogas, o qual, agora, está se formando em Direito?

Definindo a vida pela via negativa

Criar planos rígidos para a vida como um GPS do destino não faz sentido. Tentar ganhar o jogo da vida também não parece uma boa ideia. Devemos então navegar pelo mundo sem rumo, vivendo onde a sorte nos levar? O que devemos fazer para definir uma direção para o futuro?

Existe uma ideia que extraí do *Antifrágil*, de Nassim Nicholas Taleb – mas que vem bem de antes dele – e faz muito sentido quando pensamos no que fazer da vida. A via negativa, também conhecida como teologia apofática, é uma forma teológica utilizada para explicar Deus pelo que Ele não é, em vez de descrevê-lo por características e afirmações. O apofático aborda as coisas por meio do que não pode ser dito diretamente. No grego, *apophásis* significa "dizendo não" ou "mencionar sem mencionar".

Quando precisamos encontrar explicações para ideias muito complexas e que não sabemos por onde começar, é mais fácil inverter a lógica e buscar o conhecimento pela subtração, removendo tudo o que não é aquilo que está procurando. O que sobrar com certeza está mais perto do ideal. Nas palavras do próprio Taleb: "A 'busca pela felicidade' não é a mesma coisa que 'evitar a infelicidade'. Cada um de nós sabe não apenas o que nos faz infelizes, mas o que fazer com isso".

Trazendo a ideia do conhecimento subtrativo para definir o que queremos da vida, fica fácil entender as aplicações da via negativa: é mais fácil saber o que não queremos para nossa vida do que definir exatamente o que desejamos para o futuro.

Assim que estamos saindo do Ensino Médio, dificilmente sabemos com certeza se queremos fazer Medicina pelo dinheiro, Filosofia pela vontade de saber mais sobre o mundo ou Engenharia da Computação porque achamos incrível o trabalho com tecnologia.

É mais fácil, no entanto, definir que jamais tentaríamos Jornalismo, História ou Matemática, deixando todas as outras opções prováveis. Desse jeito, não existe uma obrigação de agarrar a Medicina até o fim, porque é o único caminho aceitável. A qualquer momento que não for mais desejável, há outras opções disponíveis. O objetivo é seguir jogando.

Quantas pessoas você conhece que terminaram um curso superior "só por terminar", depois de terem perdido totalmente o interesse? Logo em seguida começaram outro curso que era o que de fato estavam com vontade de fazer?

Agir pela remoção do que não queremos é trabalhar com opções sem limitar uma trajetória pelo simples fato de ela ter sido definida de forma rígida no começo de tudo. Evitar o que sabemos que não queremos permite explorar possibilidades sem medo de abandoná-las no futuro, mudar de direção e experimentar alternativas que antes nem sabíamos que eram possíveis. A via negativa nos dá liberdade de aproveitar oportunidades boas quando surgirem sem ficarmos cegos por um planejamento engessado. É nos desprender de rótulos e obrigações que criamos para nós mesmos, sem medo de soarmos fracassados, desistentes ou como alguém que não sabe o que quer da vida. Porque fracassar seria apenas fazer algo que sabemos que não queremos.

É claro que existe um enorme privilégio em poder agir assim. Muita gente não tem opção, só uma oportunidade que precisa abraçar. No entanto, quando há a chance de trabalhar com diferentes possibilidades, é mais interessante optar pela forma que deixa o caminho mais aberto do que afunilar tudo para uma direção que o impeça de olhar para outras coisas.

A base de qualquer planejamento é saber ignorar tudo o que não dialogar com a agenda principal. É fugir de distrações. Pela via negativa o processo é de exclusão e testes. Testar uma hipótese que parece positiva, modificar se não der certo e passar para a seguinte.

O mais importante de tudo isso é não ter apego a nada específico, aproveitando o que é bom, eliminando o que não interessa mais. No fim, ainda citando Taleb, "a única métrica para ser bem-sucedido é não ter vergonha do que faz para viver".

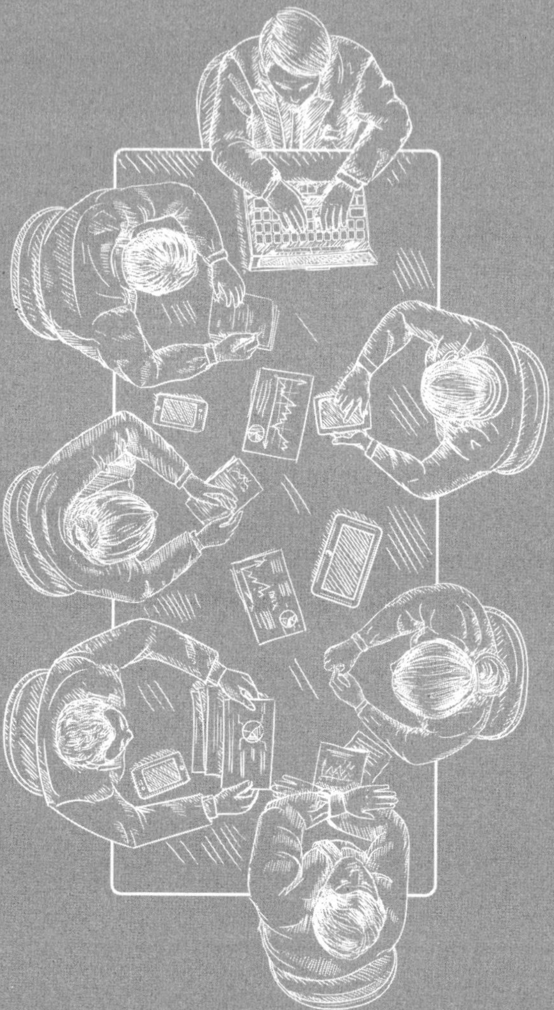

Capítulo 17
Tudo o que você precisa saber para começar*

Eu sei que acabo desmotivando aqueles que sonham em ter o próprio negócio. Infelizmente, é muito difícil fazer o trabalho de quebrar mitos sobre empreendedorismo sem que isso prejudique a empolgação de algumas pessoas.

Mesmo acreditando que desilusão – deixar de acreditar em ilusões – é uma daquelas coisas dolorosas, mas que nos fazem amadurecer, vou assumir aqui a difícil tarefa de falar de maneira positiva sobre empreendedorismo sem papo-furado e falsas expectativas.

Aperte os cintos – a gente vai longe.

São oito tópicos diferentes, nos quais abordo as questões que considero mais importantes para o empreendedor individual ou a startup que recebeu investimento. Gente sem recurso operando com o dinheiro do próprio bolso.

Na ordem, falaremos sobre risco, validação, ideias de negócio, criatividade, sociedade, marketing, hábitos e comportamento; em seguida, faço minhas considerações finais.

---

* Eu acho...

#1 – O que você precisa saber antes de empreender

Começar um negócio é uma atividade de alto risco. Não importa o quanto tentem reduzir as variáveis do problema fazendo parecer que não existem chances de errar: risco é uma característica intrínseca ao empreendedorismo.

Alguns negócios trazem riscos maiores que outros, mas essa relação costuma estar ligada de maneira direta ao retorno que são capazes de proporcionar. Em termos de mercado, é praticamente impossível um ramo lucrativo apresentar baixo potencial de risco. O que faz o modelo de startups tão lucrativo é alta taxa de fracasso.

O empreendedor que não entende esse princípio costuma subestimar as chances de o negócio dar errado, agindo de maneira impulsiva e fazendo os possíveis danos serem ainda maiores.

Quem vende sucesso tenta sempre encantar a plateia pelo otimismo. Diz que dará certo, que, ao saber como os grandes empreendedores fizeram seus impérios, não terá como se dar mal e outras formas de mexer com o imaginário das pessoas. E isso não faz bem. Pelo contrário, apenas ofusca os riscos.

Quando sentamos na plateia ouvindo um discurso que nos deixa confortável, é fácil assumir que, mesmo sendo fantasioso, tudo não passa de uma fala inofensiva. No entanto, infelizmente existem poucas coisas tão perigosas quanto um incompetente motivado.

A motivação de empreender não deveria vir do incentivo bobo de homens ricos vestindo ternos caros, falando com a simplicidade de uma mãe que convence o filho a experimentar uma garfada de jiló. Sendo o empreendedorismo uma atividade extremamente arriscada, nunca deveria vir de um impulso inocente, mas de cicatrizes, hematomas e conquistas. Como um alpinista que volta do Everest contando que quase morreu, perdeu um dedo congelado e que seus amigos não resistiram e ficaram pelo caminho, ele alerta aos aventureiros: qualquer um deve pensar muito bem antes de tentar, mas chegar lá em cima foi uma conquista maravilhosa.

O problema das receitas de sucesso

Não existe receita para o sucesso. Copiar modelos que funcionaram com outras pessoas não faz nada mais do que remover a única coisa que seu negócio poderia ter de valioso no começo: a pura e simples autenticidade.

Todo negócio é diferente. E as peças que compõem esse complexo sistema de probabilidades contam muito para o resultado. É claro que existem alguns indicadores que podem ou não ajudar – falaremos mais sobre isso lá na frente –, mas decorar e replicar *cases* de sucesso só faz de você bom em uma coisa: palestrar sobre histórias de outros empreendedores.

Alguns mercados trazem certa vantagem aos que chegam antes. Na explosão dos apps, por exemplo, muita gente ganhou dinheiro por ser novidade e existirem poucas opções disponíveis. Hoje, o modelo é praticamente um deserto financeiro para os pequenos desenvolvedores. No entanto, chegar antes também não reduz o risco. Ser pioneiro em algo muitas vezes significa investir em negócios que ninguém vai querer.

Ouvir histórias de sucesso é motivante e divertido. Funciona muito bem como forma de entretenimento e como fonte de ânimo, mas isso não pode ser confundido com um script do que fazer com sua vida.

Lembre-se de que o mundo é complexo demais para que a replicação de um modelo funcione com esse grau de simplicidade. Basta mudar o executor, o público-alvo, o nicho ou adicionar dificuldades na escola do filho mais novo para tudo começar a sair dos trilhos. Cada detalhe tem influência e adiciona novas variáveis ao negócio. Negar isso é como dizer que a Terra é plana.

O único motivo para empreender

Agora que você já entende que não existem receitas de sucesso e que abrir um negócio é um processo arriscado, uma pergunta fica no ar: se não existem atalhos e é tão arriscado assim, por que eu devo empreender?

A única resposta que eu consigo pensar para essa pergunta é: porque você sente que deve.

Existe um movimento muito forte e que traz um discurso extremamente prejudicial, para o qual a única forma de contribuir de verdade para a sociedade e se destacar como vencedor é criando um negócio.

Além da óbvia simplificação de colocar todas as profissões e formas de realização pessoal que existem como insuficientes diante da perspectiva do empreendedorismo, o outro ponto que levanta suspeitas nesse argumento é que, como vimos, em geral quem diz isso está vendendo empreendedorismo como produto.

Não vou entrar no mérito daqueles que empreendem – para usar esse termo – por necessidade. Alguém que tem, como única perspectiva de ganhar algum dinheiro, um pequeno negócio emergencial que não consegue render o suficiente para garantir uma vida digna não está nessa por escolha. Digo isso porque a maioria dos trabalhadores informais trocaria seu "negócio" por um emprego formal com carteira assinada.

De acordo com Thiago Xavier, responsável pela área de mercado de trabalho da consultoria Tendências, são raros os casos de quem empreende por escolha própria. Em um país como o Brasil, a grande maioria o faz por conta da crise e a consequente falta de oportunidade. Ele ressalta que essas pessoas ficam mais vulneráveis: não têm previsibilidade de renda, seguro-desemprego, 13º salário.

Considerar esses trabalhadores precarizados como empreendedores denuncia uma falha grave de pensamento: a ilusão de que abrir empresa significa ganhar dinheiro. Principalmente porque, a cada 10 empresas no Brasil, 7 não conseguem lucrar mais do que 3 salários mínimos – a ideia de que montar um negócio é a porta para garantir uma vida confortável com bom lucro é uma narrativa totalmente distorcida.

Se você está nessa pelo dinheiro, é melhor procurar outro caminho. O jeito mais fácil de conseguir uma renda razoável ainda é o emprego formal; por isso, se você não for herdeiro de um negócio familiar que já está em andamento, ou não tem uma boa estrutura de suporte financeiro para garantir um sustento até que o negócio se estabilize, o único motivo que vejo para empreender é o sentimento interno de que está fazendo algo que importa.

Dizer isso pode soar completamente abstrato, mas leve em consideração que empreender:

1. Representa um enorme risco.
2. Não é um jeito mais fácil de ganhar dinheiro.
3. Não representa maior estabilidade profissional.
4. Não traz a possibilidade de uma vida mais tranquila e equilibrada.

Um forte desejo pessoal de desenvolver um projeto é a única motivação que consigo compreender.

É claro que sempre existirão aquelas oportunidades de mercado que vemos surgir e acreditamos que serão lucrativas, entre outros fatores que podem nos inclinar ao empreendedorismo de alguma forma. No entanto, via de regra, minha opinião é que o único motivo para empreender é porque você quer.

Otimismo é amigo do risco

Imagine que você caiu no buraco negro dos vídeos de investimento disponíveis no YouTube. Agora, não existem mais dúvidas de que precisa investir dinheiro para garantir o crescimento do seu patrimônio.

Você ouviu amigos falando que investir na Bolsa é interessante e que, se escolher empresas conservadoras, as chances de se dar mal são muito pequenas. A ideia parece boa, você pega toda sua poupança e aplica em ações de alguma grande estatal petroleira.

Alguns dias seguem e os jornais começam a noticiar uma nova descoberta importante. Ao que parece, encontraram uma camada que permite extração de petróleo e que poderia alavancar o valor comercial da petroleira, algo na faixa dos bilhões. Dada essa perspectiva tão otimista, amigos e conselheiros afirmam com convicção: essa é uma chance única, é o momento de investir em opções.

Opções são títulos de compra para o futuro. É um acordo de que lá na frente você pode comprar ou vender determinadas ações por um preço preestabelecido. É uma aposta de que, daqui a algum tempo, você lucrará negociando ações pelo valor definido no dia da compra.

Ou seja, o conselho do seu amigo é apostar tudo o que você tem no futuro, porque existe uma nova informação que nos faz acreditar que, daqui a quatro meses – tempo ilustrativo –, as ações estarão valendo muito mais.

Você se anima com a perspectiva de ficar milionário e aplica todo o seu dinheiro em opções da estatal petroleira.

O que você não contava é que grandes investidores não enxergaram a novidade com bons olhos. Quando o momento chegou, concluíram que o investimento necessário para extração dessa nova camada de petróleo é oneroso demais e levaria muito tempo até trazer retornos sólidos para empresa, causando prejuízo.

Em vez de as ações decolarem, o pragmatismo do mercado gerou um movimento contrário. As ações caíram e suas opções agora não representam vantagem alguma. Você só perdeu seu dinheiro.

Essa é uma história fictícia criada apenas para ilustrar uma ideia, mas que retrata o paralelo de como as pessoas incentivam o risco no empreendedorismo. O guru insiste que você assuma um risco grande baseado num otimismo ingênuo, uma oportunidade longínqua de que todo aquele investimento e dedicação valerão a pena.

Tenho certeza de que você está pensando: "Mas ninguém investe tudo assim, sem segurança".

Infelizmente é o que mais acontece. Pior ainda, são incentivados pelos vendedores de sonhos. Frases como "você não tem mentalidade do sucesso", "se já começa achando que vai dar errado, não tem como dar certo", "você precisa acreditar que é possível", "se tiver medo, vai com medo mesmo", "você precisa pensar grande", "ou vai com tudo, ou não vai" e outras similares são repetidas aos montes por quem não tem nada a perder convencendo você a assumir riscos.

A versão mais clássica de todas é a frase que Deus teria dito para Noé sobre a construção da grande arca, frequentemente ouvida no contexto de startups: "Se você construir, eles virão".

O que todas essas frases têm em comum? O incentivo ao risco pela crença otimista no resultado projetado. Muitas dessas frases ditas repetidas vezes para criar um gatilho de ação instauram a vergonha em não agir com "o mindset de um milionário".

Como reduzir os riscos

É impossível falar sobre empreendedorismo sem antes apontar o que pode dar errado. Ou estaria cometendo a mesma falha ética que aponto em tantas outras pessoas.

Existe um modelo que sigo para continuar minhas tentativas de empreender equilibrando meus riscos, uma forma de pensar que garante que eu siga tentando e que as perdas não sejam tão contundentes assim.

Em qualquer situação, é preciso lembrar que existe uma quantidade de incerteza envolvida. Por maior que sejam sua capacidade, seu conhecimento do mercado e suas referências técnicas sobre o que precisa desenvolver, três pontos *sempre* são verdadeiros:

- O futuro é muito mais complicado e você não tem controle do que pode acontecer.

- Nem tudo depende apenas de você e seu conhecimento. A maioria do resultado depende de outras coisas sobre as quais você não tem controle.
- Você não sabe o que não sabe – haverá surpresas.

É claro que começamos qualquer iniciativa pensando em dar certo, mas evitar pensar no que pode dar errado, normalmente por medo de estar sendo pessimista, só traz maiores problemas. Ao começar sabendo disso, a abordagem em relação ao risco tende a ser mais efetiva.

Com tudo isso em mente, trago para vocês uma estratégia comum no mercado financeiro para equilibrar investimentos.

A ideia é simples: você investe uma grande parte – algo entre 80% e 90% do que tem – no que existe de mais seguro, mas cujo retorno não é tão alto, e o resto em algo que apresenta um enorme risco, mas que, se for concretizado de forma positiva, vai lhe trazer retorno extremamente alto.

Então se você tem – a título de exemplo – 1.000 reais para investir e entende que um bitcoin está num excelente momento de alta, mas é um investimento arriscado, poderia agir da seguinte forma: aplicar 800 reais em tesouro Selic, um investimento considerado relativamente seguro, e os outros 200 reais em bitcoins.

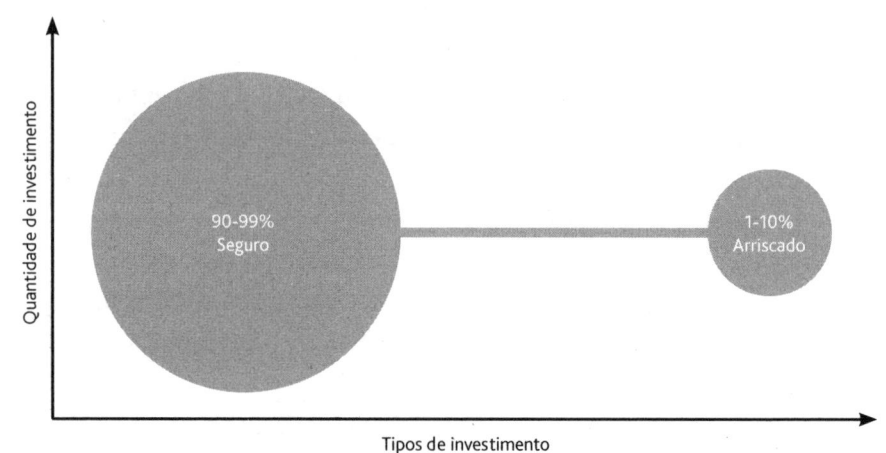

Fonte: Seekingalpha.com.

O desvio lógico que faz as pessoas não pensarem dessa forma é um impulso comum que nos lembra o tempo todo: "Se você investisse tudo, poderia ganhar muito mais". Infelizmente, ninguém pode se dar ao luxo de perder tudo o que tem na primeira tentativa. É preciso agir com menos emoção e pensar que perder tudo significa ficar fora do jogo por certo tempo.

É melhor ganhar menos equilibrando investimentos do que precisar juntar mais dinheiro por um longo período até poder investir novamente. E por mais simples que pareça, essa ideia funciona para muitos dos dilemas levantados quando pensamos em empreendedorismo, como o clássico dilema: "Tenho um trabalho 8–18 que me sustenta, mas gostaria de empreender. Devo largar meu emprego e abrir um negócio?".

Seguindo o mesmo modelo anterior, a pessoa que está numa situação como essa deve garantir que o mais seguro está garantido, mantendo a qualidade de vida e condições básicas para sobreviver, enquanto em seu tempo livre desenvolve um negócio.

Para alguém que trabalha de segunda a sexta, o ideal seria reservar algumas horas do final de semana para pesquisar, desenhar e planejar um negócio que, se der certo, trará um retorno muito maior que o emprego estável. O mais importante é: o risco está coberto enquanto você ainda está empregado.

Mas investir pouco funciona?

Por causa do discurso de um empreendedorismo a que todo mundo se entrega, chuta o balde e, com uma grande e mágica ideia, conquista sua tão sonhada fortuna, a maioria das pessoas entra no jogo acreditando no tudo ou nada.

Assim como alguém tentando emagrecer, que depois de comer um bombom passa a devorar tudo o que vê pela frente porque diz "já falhei a dieta mesmo", tem-se a crença de que, se não for uma jornada de entrega total, nenhum esforço é válido.

A boa notícia é que, por padrão, consistência – se manter fazendo algo por muito tempo – é muito mais valioso que intensidade. Investir duas horas do seu domingo por dois anos num pequeno projeto paralelo tende a trazer resultados mais relevantes do que investir trinta dias seguidos, oito horas por dia, e depois não fazer mais nada.

Nesse ponto, artistas como músicos, escritores e pintores tendem a ser bons exemplos. A maioria normalmente investiu anos criando e produzindo trabalhos sem relevância, até que um dia tiveram seu esforço reconhecido. É claro que esse dia pode nunca chegar, mas certamente as chances são maiores se investir em ser consistente.

Lembre-se todos os dias de que a história da pessoa que teve uma grande ideia e ganhou milhões do dia para a noite é quase sempre exagerada, muitas vezes para vender livros e construir a narrativa do "gênio".

A maioria dos grandes empreendedores já arriscou em outras ocasiões, aproveitando informações que não deram certo e amadurecendo suas visões. É por isso que a cultura da falha se tornou tão forte no Vale do Silício.

Quase todo mundo entende que as chances de um negócio dar errado são altíssimas e que, em vez de estigmatizar quem arriscou e não conseguiu, é mais interessante incentivar que se continue tentando.

Obviamente, o objetivo é "dar certo" e não existe informação melhor do que as coisas que funcionaram, mas sistemas aprendem pela remoção, e uma empresa falindo representa um aprendizado importante para o crescimento do ecossistema como um todo.

Este é outro motivo para trabalhar sempre pensando em riscos e na estratégia explicada anteriormente: quando você sabe que pode dar errado, precisa ter fôlego para continuar tentando com as informações novas.

#2 – Empreendendo sem recursos

Se você mora no mesmo planeta que eu e não faz parte de uma seleta minoria que nasceu de famílias bem de vida e com dinheiro para investir no sonho dos filhos, você não tem recurso para empreender.

Você até pode ter uma pequena poupança, um carro que pode vender para tentar fazer seu negócio sair do papel ou, como é o caso de muita gente, o dinheiro do FGTS recebido do último emprego. E por mais que seja um dinheiro que parece razoável, essa quantidade é bem limitada se não tiver outra fonte de renda. Os 20 mil reais de um carro usado não serão utilizados inteiramente para desenvolver um negócio – uma boa parcela desse dinheiro pagará suas contas e servirá para não passar fome.

Por isso – insisto – é muito mais fácil empreender como atividade paralela ao emprego formal do que abandonar a segurança financeira para abrir um negócio. Ainda assim, é preciso saber otimizar o pouco recurso disponível ao máximo, uma vez que não existe um investidor financiando seu negócio.

Mas alguém quer meu produto?

Essa é uma pergunta que você deve se fazer a cada novo passo e modificação numa ideia de negócio. A qualquer instante, é importante observar o que está sendo realizado e comparar com a realidade.

Arrogância é um problema gravíssimo entre muitos aspirantes ao empreendedorismo. A maioria acredita saber mais sobre os desejos do cliente do que ele mesmo. Muitas vezes utilizam clássica frase de Steve Jobs para justificar essa prepotência: "As pessoas não sabem o que querem até você mostrar a elas".

Mas a gente tem que deixar algo bem claro aqui: você não é o Steve Jobs e as chances de ser um novo gênio são mínimas. E, apesar de ter emplacado produtos que mudaram o mercado, ele criou tantos outros produtos que não fizeram muito sucesso assim.

Quando você tem recursos para tentar, é mais fácil ignorar a vontade dos clientes e fazer o que vem à sua cabeça até eventualmente acertar. Sem recursos e tentando reduzir o risco do seu negócio, pare e ouça o que os clientes querem.

Validação é dinheiro no bolso

Se você faz parte do ambiente de empreendedorismo, já deve ter recebido um questionário com perguntas para tentar definir se uma ideia é interessante ou não.

Esses formulários normalmente tentam mensurar o nível de interesse para alavancar, mas na prática acabam não servindo de nada. Por mais que tais dados pareçam interessantes num primeiro momento, existe um fenômeno pelo qual eu já passei e muitos outros também passaram: você apresenta uma ideia, as pessoas se mostram empolgadas e dizem que comprariam o produto. Após investir meses e milhares de reais, você oferece o produto e ninguém compra.

O dinheiro modifica a relação das coisas: quando alguém precisa pagar de verdade, as intenções mudam e outros interesses entram em questão. Dizer que pagaria e pagar são essencialmente ações diferentes.

Então, tenha em mente que utilizar algumas estratégias como formulários para identificar se existe interesse e o que poderia ser modificado no seu produto pode ser interessante, mas as informações são enviesadas e não validam uma ideia.

Outro recurso que também é utilizado como forma de validação é a criação de uma *landing page*, um site que apresenta a proposta do negócio e capta dados de interessados. Nesse caso, é comum utilizar publicidade paga para trazer uma enorme quantidade de pessoas à sua página e depois extrair uma estatística de acesso *versus* conversão. Normalmente, espera-se entre 10% e 15% de conversão para considerar que uma ideia é interessante.

Apesar de não funcionar como validação dentro dos princípios que mencionei antes, existe uma vantagem interessante nesse processo. O que está sendo feito, na verdade, é a captação de leads para prospecção futura. Quando o produto for lançado, você sabe quem procurar e como alcançá-los. Mais uma vez, nada garante que essas pessoas estarão dispostas a comprar seu produto.

Venda primeiro, construa depois

Essa é uma regra que eu sigo para a vida, e acredito que qualquer pessoa operando com o próprio dinheiro deveria considerar. Construir algo exige muito recurso. Quando tempo e dinheiro são limitados, não podemos nos dar ao luxo de investir em algo arriscado.

O que tento fazer é apelar para a pré-venda, tentar formular a proposta de produto com o máximo de clareza possível e que demonstre os objetivos e resultados – e começar a vender para entregar no futuro.

Imagine que você quer construir um produto qualquer. Vamos exemplificar como sendo um tênis especial para quem gosta de correr na neve – nem sei se isso existe. Em vez de orçar o produto, enviar para uma fábrica na China e, quando os estoques chegarem, tentar vender, você pode fazer diferente. É menos arriscado arrumar um bom designer para criar um protótipo visual e organizar um belo explicativo com base em tudo o que as pesquisas já identificaram que corredores de neve precisam.

Depois de definir o projeto, orçar quanto a fábrica da China cobra para produzir um número razoável e entender o tempo que demora em entregar após a realização do pedido, você tem todas as informações de que precisa para vendê-lo.

Agora, imagine que a fábrica na China cobra 5 mil reais para produzir 100 pares do tênis especial para correr na neve – dados fictícios. Como eu valido meu produto? Vendendo o suficiente para cobrir o custo dessa primeira versão.

É claro que definir o preço envolve inúmeros detalhes e contas de custo, mas, na continha no guardanapo, vendendo 32 pares de tênis por 159 reais, valida-se o produto. Num cenário como esse, consigo pagar os custos e, mesmo que não venda nenhuma outra unidade, a zona de prejuízo já está coberta.

Existem casos nos quais a pré-venda consegue cobrir os custos de produção, mas a venda acaba emperrada depois disso. O objetivo aqui não é buscar garantias de que algo será um estouro, mas assegurar que você não terá prejuízo.

Antes de definir o quanto irá cobrar, entenda bem seus gastos e os custos verdadeiros, sem ignorar questões importantes que também se somam a eles, mas que normalmente são esquecidas. Transporte, alimentação, contas de telefone, hospedagem, serviços de e-mail, domínio e outros detalhes também fazem parte do orçamento.

O modelo de pré-venda com produto é apenas um exemplo – mas pode ser aplicado para outros modelos de produtos ou serviços.

#3 – Tirando ideias da cartola

Por mais que o mantra "ideia não vale nada" seja repetido aos montes, a maioria das pessoas não acredita nisso de verdade. O principal motivo é porque faz bem para o ego acreditar que você pensou em algo incrível e inovador antes de todo mundo – e que isso faz de você um gênio dos negócios.

Ao longo dos últimos anos conheci um enorme número de gente que disse algo como "tive a ideia do YouTube antes de todo mundo" – ou do Uber, do WhatsApp, do WolframAlpha e de tantos outros produtos famosos.

O fato é que grande parte das ideias está por aí, no ar, simplesmente por ser necessidade da sociedade. O avanço tecnológico apenas fornece uma direção nova de tentativa.

Carros elétricos, por exemplo, começaram a ser trabalhados não muito depois do motor a combustão. Uma notícia do jornal *The New York Times* publicada em 1911 demonstra que o assunto já era hype mais de cem anos atrás. O primeiro carro elétrico foi concebido por um nome conhecido dos amantes de automobilismo.

Em 1898, Ferdinand Porsche criou seu primeiro veículo – e ele era elétrico. Por que então usamos gasolina por tanto tempo? Custo e dificuldades tecnológicas.

Com a gasolina barata e muito acessível, era muito mais fácil criar motores a combustão sem se preocupar com as baterias. Foi preciso juntar o avanço no tamanho e eficiência das baterias com alguns projetos da Toyota para que se iniciasse uma nova era para os carros elétricos.

Hoje, você pode olhar para um Tesla Roadster e divagar: "Eu já tinha pensado em carros elétricos antes – se eu tivesse levado adiante...".

No entanto, não existe nada de genial ou inovador em considerar o uso de carros elétricos numa década na qual baterias se tornam mais leves e duradouras. Provavelmente, por culpa dos celulares, as pesquisas avançaram e o custo de produção caiu.

Esse é só um exercício para demonstrar que grande parte das ideias ditas geniais e inovadoras está sendo trabalhada faz tempo e com várias alterações até o momento. Alguém que "imaginou um sistema de vídeos como o YouTube, mas para educação" não consegue conceber que o ensino a distância é algo que vem sendo pensado desde antes de os cursos de Instituto Universal Brasileiro aparecerem na parte de trás das revistinhas da Turma da Mônica.

Avança a tecnologia, as necessidades seguem parecidas. A única coisa que sobra disso tudo é o ego de quem quer se achar especial repetindo essa balela para pessoas que não entendem o processo.

Então onde encontrar essas ideias?

Aqui não estou falando de pessoas que empreendem por causas. Alguém que tem um grande sonho de realizar um negócio específico – e esse é o gatilho para empreender. Dirijo-me a quem quer encontrar algo para empreender, buscar uma necessidade e criar um negócio em cima disso – independentemente do que for.

A forma mais fácil de encontrar uma necessidade é conversando com as pessoas: perguntando diretamente o que incomoda, o que gostaria que fosse melhor, o que falta para a rotina ser mais fácil. Quando estudei empreendedorismo, aconselhavam ligações via Skype com alguém para conversar sobre necessidades e dificuldades do cotidiano – pelo menos uma por dia.

Quando eu era mais entusiasta em relação ao empreendedorismo, seguia o conselho do popular James Altucher, pensando em dez ideias de negócio por dia.

Outra forma mais moderna de encontrar necessidades são as redes sociais. Reddit, Twitter e Quora são lugares excelentes para entender do que as pessoas estão precisando. Basta buscar pelas mais diferentes combinações e entender o que soa mais provável.

Vamos então fazer um exercício: a ideia do aplicativo que diga quando é a melhor hora para comprar dólar, como pergunta uma usuária do Twitter, por exemplo, me soa interessante. Um algoritmo capaz de analisar tendências dos últimos meses, fazer uma análise automática das notícias dos últimos dias, correlacionar tudo entre informações de altas e baixas. E, pronto, um aplicativo que envia um simples alerta: "Parece interessante comprar dólar hoje: clique aqui e entenda o porquê". Um relatório gerado pelo aplicativo justifica a análise e a pessoa pode tomar sua decisão. Futuramente, um acordo com corretoras ou até mesmo a intermediação dessa compra em troca de comissões podem construir o modelo de receita.

Acabei de realizar essa pesquisa e pensar nisso, para este livro em específico. Não faço ideia se existe ou não, mas se eu estivesse buscando um negócio seria o suficiente para investigar melhor e, dependendo do que encontrasse, entrar no processo de validação.

O jeito profissional de copiar

Ideias originais são incrivelmente raras. Como vimos antes, a maioria das dificuldades que viram grandes ideias está por aí faz muito tempo. Claro que a cópia descarada de um trabalho configura plágio e pode inclusive ferir direitos autorais, mas se recusar a se inspirar em projetos alheios, um princípio comum para qualquer um que lida com criatividade, é negar o óbvio.

Todos os artistas começaram copiando alguém. A primeira vez que uma criança tenta fazer um desenho, ela não extrai ideias da cabeça e cria uma obra de arte. Pelo contrário. Quase tudo o que aprendemos é por meio de cópia e repetição.

Copiamos a primeira casinha que desenhamos, aprendemos a tocar violão reproduzindo músicas de que gostamos e as linhas de código que aprendemos. Não sei como ensinam programação hoje, mas minha faculdade foi, em grande parte, copiando algoritmos do quadro – e ver como respondiam. Depois, era só ir modificando para entender as relações.

Copiar diversas ideias e projetos quando estamos aprendendo é parte fundamental da formação do repertório. Quanto mais projetos copiamos, replicamos e entendemos como funcionam, mais fácil fica associar e combinar seus mecanismos no futuro.

Participei de um bootcamp para aprender Rails, e o projeto era basicamente criar uma cópia do Pinterest. Ao final do curso, eu não apenas entendia como o framework funcionava, mas era capaz de reproduzir e modificar a estrutura para aplicá-la tendo em vista outros objetivos.

Quando o repertório já está maior, fica fácil imaginar soluções para problemas utilizando tudo o que você já conhece. Para isso, porém, é preciso gastar um bom tempo imitando, copiando e entendendo estruturas.

Existe um vídeo bem interessante que fala sobre processo criativo chamado *Everything is a Remix* [Tudo é um remix], que explica muito bem como esse processo funciona tanto na música quanto na tecnologia e em tudo que envolve criação. No entanto, o cerne da ideia é simples: para criar algo, você antes precisa copiar, modificar e misturar.

#4 – Criando um produto

É claro que cada produto tem uma forma de ser produzida – e não dá para entrar num detalhamento simplificado por aqui. Mas existem algumas características importantes que todo empreendedor precisa entender para entrar no mercado.

Há a crença inocente – principalmente nas pessoas mais novas que esperam um modelo quase religioso de meritocracia – de que o que define as chances de sucesso de um produto é "ser o melhor". O que significa esse "melhor" dentro da mística empreendedora pode variar bastante, podendo ser mais funcionalidades, design mais eficiente, preço menor ou melhor usabilidade.

A verdade, contudo, é que, por mais que possa ter alguma influência, ninguém de fato opta por um produto simplesmente porque ele é o melhor. O mercado está repleto de exemplos disso.

Pegue o icônico iPhone quando foi lançado. Apesar de toda exposição midiática que existia ao redor do produto, o telefone da Apple nem de longe era o melhor do mercado. Sua tela encantava e o visual era incrivelmente mais agradável, mas faltavam funções básicas que já eram consideradas essenciais para o mercado consumidor de smartphones. Uma brincadeira constante, na época, eram memes – que ainda não tinham esse nome – traçando comparações entre o iPhone e objetos inanimados.

Vários outros produtos seguem esse exemplo: quando surgiram, não eram nem de longe os melhores do mercado, mas acabaram caindo no gosto popular e isso deu fôlego para que de fato se tornassem bons produtos. Por isso, principalmente no começo, quando é impossível lutar com os gigantes em termos de tecnologia, custo e qualidade, existe uma característica que pode ajudar.

Hi, I'm Mac

Uma das características mais importantes para qualquer produto – pelo menos enquanto escrevo este texto – é personalidade.

É assim que a Apple vem ganhando corações desde que seus computadores coloridos chegaram ao mercado ou que o fone de ouvido branco viralizou na internet. É assim também que a Marlboro convencia que fumar fazia de você um aventureiro e que a GoPro vende câmeras ultrapequenas para praticar esportes radicais dos quais você nunca nem chegará perto.

De fato, as marcas sabem, faz muito tempo, que um forte posicionamento de personalidade é essencial para gerar identificação com o público. Essa construção não apenas serve ao propósito de ser atraente, mas também como projeção individual do cliente que adota o produto.

Alguém que usa um tênis de basquete Nike não optou apenas por um calçado mais confortável, mas escolheu uma marca que reforça suas convicções pessoais. É por isso que quem usa Mac se acha muito mais criativo do que usuários de PC. E que marcas escolhem pessoas influentes com determinado perfil para associar seus produtos.

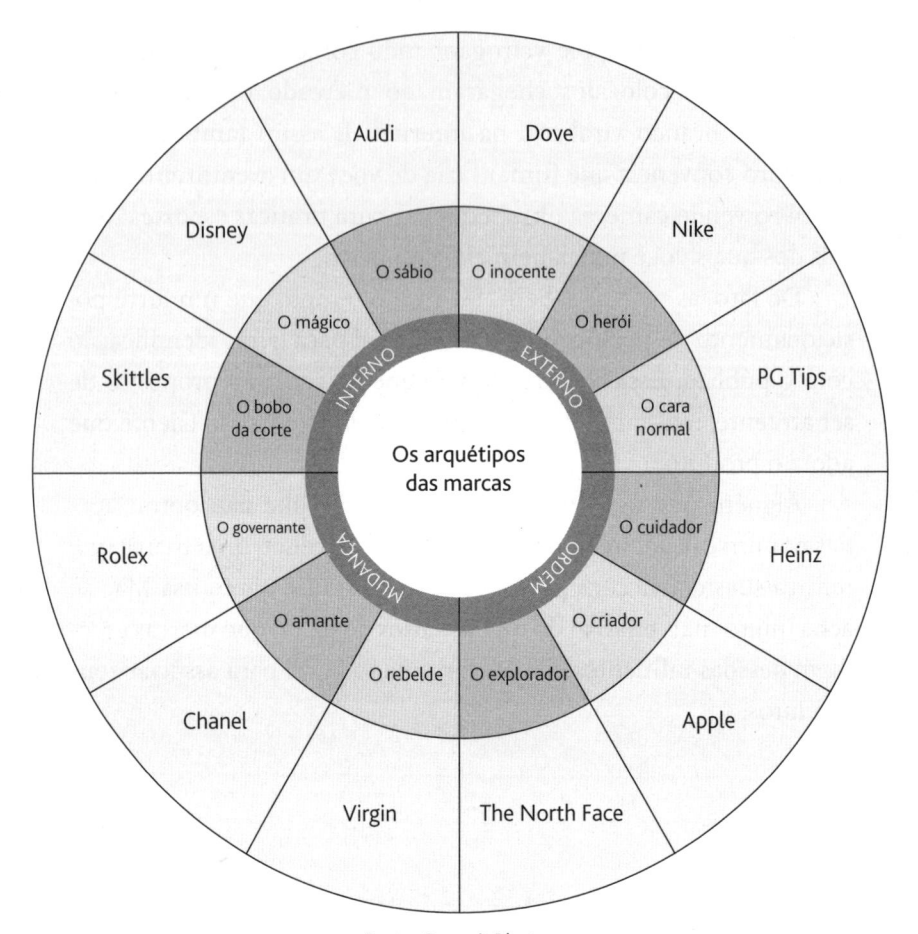

Fonte: *Deposit Photos*.

A roda colorida acima apresenta doze arquétipos clássicos e que são encontrados em praticamente qualquer história conhecida. São padrões bem caricatos de personalidade e que ajudam a direcionar o posicionamento das marcas.

Estamos falando de produtos e marcas, mas utilizar arquétipos para tornar uma ideia mais convidativa é um padrão em qualquer modelo de marketing. Basta olhar para o cenário político e ver como cada candidato se posiciona dentro de um arquétipo específico.

A ideia é o que parece: escolher uma personalidade e tornar seu posicionamento tão forte que às vezes soa até exagerado. É óbvio que, considerando os doze arquétipos básicos, adotar uma personalidade específica significa não se comunicar com a maioria das outras.

Isso pode parecer ruim, mas em termos de imagem é até mesmo desejável. A polarização causada por um posicionamento firme tende a fortalecer os que se identificam e afastar os que são completamente avessos ao discurso. Como já explicamos, a "batalha" ideológica faz o engajamento de quem já gosta do que é oferecido aumentar ainda mais, assim como a vontade de defender sua escolha. É assim que produtos que poderiam coexistir tranquilamente se tornam grandes inimigos de mercado.

Para uma marca, a melhor situação que pode acontecer é a polarização de mercado. Android e iPhone, PlayStation e Xbox, Coca-Cola e Pepsi, Harley Davidson e qualquer outra marca de moto... Uma enorme variedade de empresas encontra na briga polarizada a chance perfeita para fidelizar seus clientes.

Outro ambiente fácil para encontrar a influência dos arquétipos está nos influenciadores das redes sociais. Grande parte dos de empreendedorismo, por exemplo, está na zona do "rebelde", tentando se posicionar como alguém que quebra regras, fala palavrão e se comporta com certa agressividade.

Como quem tenta se posicionar acaba imitando outras pessoas já influentes, por isso é compreensível que tais arquétipos sejam replicados até mesmo de forma inconsciente. Grande parte do posicionamento no empreendedorismo nacional, por exemplo, vem da voz agressiva de Gary Vaynerchuk.

A única coisa que um produto não pode ser é chato

Nem todo produto tem de assumir um posicionamento, mas, quando é preciso chamar atenção sem ter uma montanha de dinheiro para gastar, é necessário otimizar os recursos. Os grandes sabem tanto disso que, quando uma empresa é, por natureza da atividade, chata e desinteressante, tentam posicioná-las de uma forma caricata, buscando ganhar mídia e ainda alcançar fãs. É assim que uma empresa criada para escavar túneis foi batizada de The Boring Company e vendeu até um lança-chamas pessoal para alcançar mídia.

Imprimir uma personalidade num produto não é simples. Depende muito do público-alvo que pretende alcançar. É comum negócios começarem com um posicionamento e, com a entrada dos clientes, realizarem pesquisas de levantamento de perfil para realinharem essa personalidade. O ponto de partida para fazer isso é responder às três perguntas a seguir:

1. Como você faz a vida do usuário/cliente melhor?
2. Quais valores você defende?
3. O que você mais odeia?

Com as respostas é possível montar a comunicação do site, a linguagem que será utilizada nos e-mails, nas postagens de blog e nas redes sociais. Essa visão deve estar presente em tudo o que for feito, o tempo todo.

É também interessante lembrar que, para o empreendedor, é comum tentar imprimir sua própria personalidade no produto que está desenvolvendo. Mas isso, além de não ser necessário, muitas vezes pode até atrapalhar.

Acostumar o mercado a personificar o comportamento do dono da empresa aos produtos que vende pode, em longo prazo, resultar em alguns danos graves. Esse é um movimento recorrente principalmente em empreendedores de palco e pessoas com o ego forte.

Também é uma estratégia comum para quem tenta transferir a história pessoal e suas conquistas para o que está produzindo, criando uma aura de empatia na hora de convencer que vale a pena utilizar o produto.

É aqui que histórias de superação acabam sendo utilizadas para transferir os possíveis méritos do empreendedor para sua marca. O usuário sente que, ao adotar aquele produto, está ajudando ainda mais na realização daquela vitória.

A parte ruim é que se a imagem do dono é mais forte do que a do produto, as coisas podem sair do trilho com uma facilidade enorme. Mais ainda, um produto pode mudar de posicionamento inúmeras vezes, e mudar a personalidade de alguém demanda um esforço muito maior e muitas vezes acaba deixando danos ao personagem.

Escolha uma coisa e faça melhor

Uma ideia que empreendedores individuais e startups precisam entender é que eles não estão em pé de igualdade com o resto do mercado. É ingenuidade assumir que você, de dentro do seu escritório de 20 metros quadrados, pode brigar com a Microsoft no desenvolvimento de um produto. No futuro, se tudo acontecer magicamente bem, é possível que essa possibilidade exista – mas no exato momento em que você está começando um negócio isso não é uma condição para se apoiar.

O ponto de vista normalmente funciona assim: alguém desenvolvendo um app que compartilha fotos, por exemplo, pensaria em tudo o que está errado nos principais aplicativos do mercado e tentaria resolver todos os problemas de uma vez, se tornando "um aplicativo completo".

Para isso, tentaria criar uma quantidade enorme de filtros muito bem definidos, uma função "câmera" com diversas opções e uma qualidade de software que aproveitasse ao máximo o hardware do smartphone do usuário e várias outras funções de edição para garantir que vencerá todos os concorrentes, em todas as áreas.

No entanto, reconhecendo que você não tem o time de engenheiros da Apple nem os recursos do Facebook, é preciso saber exatamente o que priorizar para tentar se destacar. Você não tem braço o suficiente para tentar fazer tudo o que qualificaria como "excelente" no mercado. Algumas coisas, inclusive, precisarão ser "pobres" e "ruins" por muito tempo, até seu time parar de apagar incêndios e começar a trabalhar em novas funcionalidades.

Na hora de decidir qual será o foco de destaque do seu novo produto, é necessário deixar o ego de lado e assumir que só dá para escolher uma das várias opções. Raros são os produtos nos quais trabalhar em diversas frentes de qualidade não implica diretamente mais custos ou um tempo longo demais para entregar. E tudo o que um negócio em fase inicial não tem é tempo.

O que nos leva para um outro problema.

Você precisa agir com rapidez

Pela forma como o discurso moderno do empreendedorismo vem sendo vendido, grande parte dos que abraçam a iniciativa de abrir um negócio, principalmente os mais jovens, costuma ser idealista. É gente que tem forte convicção em suas capacidades e que, internamente, acha que deveria estar numa posição da vida melhor do que está. Acreditam saber com detalhes como seus clientes pensam e a melhor forma de conquistar o que querem.

Na minha experiência, o desenvolvimento de produto, principalmente na tecnologia, envolve um perfil específico de pessoas ainda mais idealistas: programadores. Por mais que sejam importantes, sócios programadores costumam trazer uma grande barreira para o lançamento de um produto, colocando o ego no código e impondo que sua visão técnica se sobreponha a princípios.

Imagine que dois sócios decidem lançar uma loja on-line para vender produtos orgânicos cultivados nas fazendas do interior de Santa Catarina. O natural é que o sócio técnico queira escolher a melhor linguagem de programação, com o melhor framework e as melhores APIs do mercado para construir um sistema enxuto e leve, daqueles que dão orgulho de mostrar para os amigos nerds. O problema é que, nesse caso, existe outra solução mais simples: subir um sistema de gestão de conteúdo, usar um módulo de e-commerce grátis e aplicar um *template* pronto comprado na ThemeForest.

Na primeira alternativa, o tempo médio para a primeira versão ir ao ar é de oito meses. Na segunda, é possível estar com o site funcionando em três semanas. Grande parte dos programadores – existem exceções, eu sei – irá preferir a primeira situação: desenvolver um produto do zero, tentando imprimir alta qualidade, controle total do código e sem ferir seus princípios morais de desenvolvedor.

O problema é que a diferença entre três semanas e oito meses de trabalho são, com muito otimismo, dezenas de milhares de reais. O custo para continuar trabalhando, pagando equipe, aluguel, contas de consumo, serviços de apoio e outros tantos detalhes é alto demais para adotar uma estratégia tão onerosa.

E se você pensa que está dentro do seu quarto, não está pagando nada disso, então tudo bem gastar tanto tempo assim para fazer "o projeto perfeito", imagine outro motivo: é muito difícil acertar em ciclos tão longos. Se você demora quase um ano para testar algo e entender como o mercado reage, as chances de compreender seu negócio antes que um concorrente maior engula você são mínimas.

Seu produto precisa chegar rápido, absorver críticas e gerar dados estatísticos que tragam uma perspectiva do que precisa ser modificado e, a partir disso, começar a soltar atualizações constantes.

Mantenha estas três ideias na cabeça:

- É impossível lançar um produto perfeito de primeira.
- Tempo significa custo.
- Quanto antes você lançar, mais rápido começa a vender.

E sei que os programadores que estão lendo irão argumentar que conseguem fazer um bom produto em tempo hábil sem demorar tanto, mas acredite em mim: a primeira versão de qualquer produto precisará ser totalmente refeita em pouco tempo. Não vale a pena gastar tanto recurso assim para jogar fora depois.

É preciso agir com rapidez, utilizar o que existe pronto para automatizar o processo e colocar o mínimo possível de ego no desenvolvimento do produto.

Colocar seu idealismo num produto é bonitinho quando você ouve as histórias do Steve Jobs sendo minucioso. Contudo, na vida real, na qual não temos o dinheiro da Apple nem seu controle de mercado, existem alguns luxos que a gente não pode se dar.

#5 – Você precisa de um time (ou pelo menos um par)

Eu sei que você acha que consegue fazer tudo sozinho. Leu todos os livros de empreendedorismo, decorou o *Startup enxuta*, programou a vida inteira e ainda tem bom gosto para design. Você olha para todas as tarefas que envolvem um processo e pensa: "Eu posso fazer tudo isso sozinho".

Não, não pode.

A realidade é que ninguém consegue focar com consistência em tudo o que é necessário para pensar e estudar modelos de negócios, fazer acordos e parcerias, vender e ainda desenvolver um produto.

Consigo pensar exemplos de pessoas que fizeram isso individualmente, mas, na prática, é bem mais difícil do que parece. O mito do grande empreendedor, gênio solitário, é puro storytelling. Existe sempre outra pessoa ajudando. É aqui que muita gente pensa as coisas ao contrário: primeiro, encontre um sócio; depois, desenvolva uma ideia.

Sua ideia de negócio irá mudar bastante ao longo do tempo. E, provavelmente, nada ao final do processo será parecido com o que você imaginava no começo. Muitas vezes nem será o mesmo mercado. Um sócio não – ele é alguém em que você pode confiar para realizar o que quiser. Um bom sócio que esteja disposto a se dedicar e acessível ao trabalho é uma das partes mais difíceis do empreendedorismo.

Por que achar um sócio é tão difícil?

Lidar com pessoas é difícil, sempre. E lidar com pessoas quando existe dinheiro, sonhos e motivações diferentes envolvidos na equação torna tudo mais difícil ainda. Em 99% das vezes em que dois indivíduos tentam trabalhar em sociedade para criar algo, a história segue mais ou menos o mesmo padrão.

Todo mundo começa empolgado. A ideia é incrível e irá revolucionar o mercado. As tarefas são divididas e os prazos, estabelecidos. A empolgação de um dos sócios diminui, os prazos começam a furar e o sócio mais interessado fica em cima cobrando as entregas. Depois de um ou dois conflitos, o menos interessado entende que o dinheiro não virá tão rápido. O esforço do projeto começa a conflitar com o trabalho de 8-18 e a interferir na vida pessoal. Ele pede pra sair.

Uma situação que aconteceu comigo algumas vezes foi de os sócios desinteressados simplesmente sumirem. Nunca mais tocaram no assunto, foram se esquivando... Até que eu entendi que não podia mais contar com eles.

No começo, tudo é muito excitante, mas quando a realidade é trabalho de madrugada e cobranças sem resultados, as coisas complicam. Este é inclusive outro motivo para testar o projeto o mais rápido possível: a empolgação não dura para sempre.

Cada pessoa tem um limiar diferente de quanto esforço consegue empregar antes de enxergar algum resultado sólido. A maioria acaba parando quando o projeto paralelo começa a prejudicar a qualidade do trabalho que paga as contas.

Do que (eu acho que) você precisa

O empreendedor individual tende – apesar do que foi afirmado – a começar sozinho e seguir seu caminho. Como disse, ter um sócio faz toda diferença do mundo, mas não encontrar alguém ideal não é motivo para não seguir em frente.

Para empreendedores que querem desenvolver projetos mais ambiciosos, o ideal é que o time inicial já consiga fazer um bom trabalho logo de cara. É muito perigoso para uma startup de tecnologia, por exemplo, depender de freelancers para seu desenvolvimento inicial.

Os motivos são vários, mas o principal deles é a velocidade em que alterações precisam ser feitas e o fluxo intenso de comunicação para realizar tudo o que tem de ser executado no começo.

Aprendi um modelo que, na minha cabeça, ainda faz sentido: um time inicial "perfeito" necessita de três sócios com perfis diferentes: alguém que cuide dos negócios, um programador e alguém de UX/usabilidade.

É importante ter alguém dedicado a olhar para a parte dos negócios, pensar nos modelos e nas direções. Consultar dados, resultados, fazer conexões e colocar a máquina para girar. Assim como também é importante que alguém construa o que foi idealizado: a pessoa que tem o conhecimento técnico do assunto.

Acaba sendo fácil falar que é um programador porque o contexto geral é de startup, mas, se fosse um restaurante, seria uma chefe de cozinha; se fosse uma marca de roupas, um estilista; uma lojinha de arrumar computador, o técnico que fará a manutenção.

É muito importante dividir quem é responsável por cada aspecto do negócio. Por mais que, em muitos casos – ainda mais no início –, essas responsabilidades se cruzem porque falta gente para tudo o que precisa ser feito, não podem existir dois donos para um só trabalho.

Além de pagar boletos, planejar, criar cronogramas, fechar parcerias e produzir um produto, alguém tem de garantir que o uso seja pelo menos incrível. Muitas startups subestimam a importância de um profissional que torne o negócio palatável ao usuário final – que faça a experiência valer a pena. E um produto simples com boa experiência de uso tem chances bem maiores de se destacar em relação a um produto complicado que ninguém consegue usar.

Recapitulando, um núcleo central deve priorizar:

1. Alguém com foco em negócios.
2. Alguém focado na produção.
3. Alguém focado na experiência do usuário.

A pessoa focada no negócio tem um direcionamento muito voltado ao custo operacional e ao faturamento, podendo tomar decisões que prejudicam a produção e o usuário. Não é ruim ter tal pensamento, mas os outros membros devem estar ali para equilibrar a equação.

Programadores são ótimos em fazer produtos para outros programadores, mas normalmente são péssimos em considerar o ponto de vista do usuário leigo. Este é um problema clássico do perfil técnico: tende a focar na primazia técnica mesmo que signifique onerar o cliente.

O responsável por pensar na usabilidade acaba cuidando para que os dois perfis não atropelem a pessoa mais importante do negócio: o usuário final. Essa figura é quem vai garantir, acima de tudo, os interesses do cliente.

Tenha apenas um Elon Musk

A cultura de startups tem essa ideia de que todo mundo na equipe precisa ser acelerado, motivado, entender de negócios, pensar grande e assumir grandes riscos. Todo time precisa da pessoa que entregará a visão do negócio. É quem explica a direção e consegue contornar dificuldades e mostrar para a equipe o que precisa ser feito. Esse alguém definirá as estratégias, dirá quais pontos deve atacar e o que não deve ser feito.

Mas empreendedores gostam de conviver com pessoas parecidas. E, ao procurar um sócio, tendem a preferir aquelas com o mesmo tipo de comportamento. Alguém acelerado, cheio de ideias e que acredita que sua visão é boa para todo mundo.

O problema é que nenhum time consegue sobreviver a dois ou mais indivíduos que acham que sua visão é a melhor. As brigas para definir o que deve ser feito começam a ser tão grandes que ninguém consegue sair do lugar.

Defina quem é a cabeça do seu negócio e deixe que decida para onde ir. É claro que o time deve opinar e apontar discordâncias – mas, no final, só existe um que tomará essa decisão.

Este é um erro comum de quase todas as startups – inclusive quando decidem contratar: dão preferência para funcionários agitados, explosivos e que acabam ou se desgastando demais ao longo do projeto, prejudicando os resultados da empresa, ou entrando em conflitos demais para que decisões objetivas sejam alcançadas.

Quando estamos falando do núcleo inicial da empresa – aquelas três figuras lá de cima –, o perfil deve ser mais agitado porque tem muita coisa para fazer e pouca gente para executar. Depois disso, a empresa deve preferir profissionais que se preservem e levem a relação com o trabalho de forma saudável.

#6 – Como atrair os primeiros clientes

Partindo da premissa de que você tem pouco dinheiro, provavelmente o caminho será trabalhar com a busca de clientes pela internet. Panfletos e mídia off-line costumam ser um pouco mais caras e, dependendo da situação, menos eficientes. Na internet é mais fácil construir uma audiência apenas dedicando tempo e utilizando algumas estratégias simples.

O principal objetivo de qualquer campanha de marketing digital é a busca por leads – que, para simplificar bastante, é alguém interessado no que você tem a dizer. A lead muitas vezes não conhece seu produto, mas se cadastrou numa página para baixar um material educativo gratuito e demonstrou possuir o problema que você pretende solucionar.

De acordo com as características apresentadas por ela, pode ou não ser classificada como oportunidade de negócio: alguém a quem você pode ligar, mandar e-mails e tentar transformar em cliente/usuário pagante.

Produzindo conteúdo

Se ninguém conhece seu trabalho ou sabe que você existe, é muito difícil conquistar os primeiros clientes. Independentemente do que seja seu produto ou serviço, as chances de alcançar um público considerável e conseguir validar a ideia são poucas sem antes construir uma audiência. É por isso que empreender e produzir conteúdo tem andado de mãos dadas faz um bom tempo.

Quando você tem uma boa quantidade de dinheiro inicial, outros processos de marketing podem entrar no jogo. No entanto, para quem está começando com recursos próprios, não existe um caminho melhor – barato – do que construir conhecimento. Criar textos e vídeos é uma maneira barata e eficiente de transmitir uma ideia, construir credibilidade e cativar certa audiência. É claro que só escrever um texto não significa que alcançará milhões de pessoas – o processo para construção de reputação é longo.

Se olhar bem, você irá perceber que grandes nomes que começaram sem investimento só conseguiram emplacar seus negócios porque, antes de ganhar dinheiro, arrebanharam uma boa e fiel audiência.

É por isso que, mesmo antes de ter um produto ou direção de negócio definido, muita gente começa produzindo materiais para abrir o debate sobre o problema central a ser resolvido. O empreendedor, antes de fornecer a solução, acaba precisando convencer a audiência de que sabe como resolver o problema e tem conhecimento para isso.

Captando interessados

É claro que um conteúdo que tem o objetivo de transferir autoridade sobre um tema e convencer um público de que você tem capacidade de solucionar um problema deve ser muito bem trabalhado. Se for algo superficial e simples demais, fica muito fácil de cair no senso comum e soar como oportunista. O foco não é apenas criar uma reputação, mas de fato encontrar interessados – pessoas que se identificam com o problema – para que acompanhem o trabalho e se tornem clientes no futuro.

O jeito mais simples de fazer isso é produzindo uma newsletter: uma comunicação frequente e que justifique aos interessados cadastrarem um meio direto de contato. Ela não só ajuda você a estar em contato com o cliente, mas permite testar pequenas abordagens que, no futuro, podem funcionar como produto.

Ter uma base de contato vinculada ao seu tema central, nem que sejam cem pessoas, possibilitando falar sobre as dificuldades em comum e testar a recepção de algumas ideias, é uma ferramenta de ouro para quem pretende desenvolver um produto. Depois, com ele pronto, também é mais fácil oferecer para essas mesmas pessoas – das quais você já conhece o perfil e sabe que compreendem a visão que você está construindo.

Sua audiência escolhe você

É bem provável que sua ideia de público-alvo esteja errada. Assim como o negócio, um público cativo dificilmente é quem a gente imagina ser. É normal que, ao longo do processo, você descubra que existem mais pessoas de outro perfil do que aquele idealizado no início.

Utilizando ainda o exemplo do aplicativo para avisar o momento ideal de comprar dólar: vamos imaginar que sua ideia de público-alvo eram jovens de 20 anos com interesse em começar a investir. É possível que, ao escrever sobre flutuação monetária, impactos econômicos, dicas de finanças e outros assuntos relacionados, tentando desenvolver uma audiência, você descubra que estava errado. Seu público na verdade são homens adultos, na faixa dos 43 anos, querendo investir sem precisar pensar demais.

É claro que esse é só um exemplo, mas a mudança de público é comum e exige ajustes. O ideal é identificar sua audiência o quanto antes e ir ajustando a comunicação para falar diretamente com ela.

Redes sociais consomem tempo

Ter presença em redes sociais quando estamos tentando nos estabelecer como alguém que soluciona problemas é importante, mas gastar tempo demais com isso é um problema. Assim como responder a e-mails, construir presença em redes sociais traz a sensação de estar produzindo mesmo quando nenhum trabalho real é executado. É claro que postagens e interações têm sua importância, mas também costuma ser uma boa desculpa para procrastinar.

Escolha a rede social que tenha mais relação com o público que pretende alcançar, sem perder tempo trabalhando em vários canais de uma só vez. Redes sociais consomem tempo e esforço: é melhor manter uma única bem consistente do que várias sem periodicidade.

Estude sobre melhores horários e modelos de postagem de maior impacto naquele momento. Essas tendências mudam com grande frequência e não existe muito receita de bolo. Veja o que funciona na hora e se adapte.

O mundo joga dados

Tudo o que você fizer como conteúdo irá gerar uma tonelada de dados. Cada postagem em rede social trará estatísticas de engajamento e alcance. Todo texto terá dados de acesso, curtidas e compartilhamentos. As ações on-line produzirão resultados que sempre dizem alguma coisa. Até mesmo um post sem reação tem algo a dizer.

Faça pequenos testes com abordagens diferentes, usos de imagens e horários. Apesar de existirem inúmeros macetes para publicações e postagens, nada é mais científico do que efetuar os próprios testes e observar como a audiência se comporta.

Profissionais de marketing adoram seguir infográficos populares com táticas mágicas como "postagens no Twitter têm maior alcance entre 9 e 10 da manhã" – o que pode ser verdadeiro dentro de uma média, mas é preciso ver como funciona para você.

Cada audiência segue um comportamento e interage com diferentes conteúdos de maneira específica. Tenho certeza de que se seu negócio é focado no público adulto e com conteúdo para maiores de 18 anos, seu engajamento não será maior às 10 horas da manhã.

Existem inúmeras ferramentas de análises e agendamento de postagem. Tente pelo menos uma vez na semana observar como foram os resultados, separar as tentativas específicas e reajustar a estratégia.

Storytelling para leigos

Quase tudo que envolve conteúdo e marketing hoje em dia conta com a ajuda de um bom storytelling. Sejam as campanhas falsas de sorvetes feitos com neve por velhinhos, sejam grandes empresas criadas por gênios que surgiram numa garagem, sempre existe uma forma de deixar a história mais interessante.

O excesso de storytelling pode ser ruim e causar um grave deslocamento da realidade. É comum empreendedores construírem uma história e, para sustentar essa versão, adicionarem certos exageros ao conteúdo. É um forte clichê moderno recontar a própria história adicionando cenários de dificuldade e momentos ruins para desenhar uma trajetória de superação. Todos já a ouvimos e reconhecemos.

No entanto, storytelling não precisa ser ruim nem mentiroso. Você pode simplesmente usar situações fictícias para ilustrar pontos específicos ou transmitir uma mensagem com mais força.

Storytelling não é, obrigatoriamente, contar sua história com tom de superação. Eu mesmo já usei muito esse recurso, seja em meus textos postados na internet, seja em outras partes deste livro – quando uso o personagem Mário Santos para ilustrar uma situação. Muitas vezes, em vez de praticamente biografar o personagem, é possível citar um exemplo para deixar mais claro aquilo que se explica. Como neste trecho do capítulo 5:

> O coach que vende dicas para você acordar mais cedo, definir uma rotina matinal e entrar no mindset de alta produtividade certamente não considera Dona Silvia – diarista que desce a Rua Itajubaquara todos os dias às 4h30 da manhã, só com um café preto no estômago, limpa sete apartamentos no dia e volta para casa quando o *Jornal da Globo* está começando – uma profissional de alta performance.

É um recurso que também utilizo em posts curtos nas redes sociais, como neste:

> Bom dia para o trabalhador que logo cedo já teve dificuldade pra pegar ônibus, comprar comida no mercado, chegou à firma atrasado e nem sabe como volta pra casa no fim do dia. Menos para o startupeiro que diz que é mimimi, quem quer dá um jeito, quem não quer inventa desculpa.

Utilizar a técnica de forma consciente é interessante na hora de construir um bom conteúdo, permitindo transmitir uma ideia muitas vezes técnica de forma clara e compreensível. Aqui está um modelo bem simples – dos vários que existem – para construir um bom storytelling:

1. Algo acontece: existe uma ação acontecendo, normalmente algo comum e de fácil identificação. É a conexão do leitor/ouvinte/espectador com o mundo comum.
2. Até que...: algo interrompe, alguma dificuldade surge, um problema é apresentado. É o detalhamento da ação.
3. Hora do lacre: uma *punchline* que exponha com força a ideia central. É quando acontece o choque entre a visão antiga e a nova visão sobre o assunto.
4. Momento de reflexão: uma explicação um pouco mais longa sobre o conceito principal, fazendo a conexão entre todos os pontos.

A estrutura é simples. Existem inúmeras variações de como pode ser aplicada, mas de forma geral os mesmos elementos acabam sendo utilizados. Tente não exagerar na hora de aplicar. Evite criar mentiras sobre sua empresa ou história pessoal. E estude mais a fundo as estruturas.

Marketing viral ainda funciona

Pela escassez de recursos, startups e empreendedores precisam maximizar o resultado das ações, não podendo depender muito da verba de campanhas para alcançar clientes. Existe uma mentalidade simples que todo mundo deve ter: cada novo cliente deve trazer outros três clientes.

É claro que o primeiro passo para que isso seja verdadeiro é que os clientes estejam satisfeitos e orgulhosos do que estão recebendo, mas minha abordagem é de marketing: você deve criar mecanismos para que seja vantajoso e interessante que um cliente faça propaganda do seu produto e o torne mais desejado.

O meu exemplo preferido de como criar um loop viral de mercado foi o lançamento do smartphone OnePlus, um aparelho premium de excelentes especificações e com preço bastante justo.

Quando foi lançado, o OnePlus só podia ser comprado por meio de um convite – gerando uma forte mentalidade de escassez. A exclusividade também traz um caráter extra: o usuário – assim como acontece com os produtos da Apple – assume que é mais importante, que é um produto VIP. A pessoa adquire um orgulho extra porque conseguiu acesso a algo que os outros não podem ter ou possuem mais dificuldades para conseguir.

Quando alguém comprava o aparelho recebia também um – ou alguns? – convite para compartilhar com amigos que permitia comprar o aparelho num prazo de quarenta e oito horas, gerando também a mentalidade de urgência. Assim, cada novo usuário OnePlus saía do processo de compra trazendo duas novas vendas em potencial, escalando os números a cada novo aparelho vendido.

Vimos muitos desses mecanismos sendo aplicados por outras empresas. A ideia do convite, por exemplo, fez do Nubank uma febre viral no começo das operações. O usuário novo não sentia que era cliente de uma empresa, mas alguém beneficiado com uma vantagem exclusiva.

É importante que, para aplicar ideias assim, o produto seja algo que soe como uma vantagem real, um privilégio. Assim que alguém ouvir sobre, for procurar e entender que não pode ter, o senso de necessidade começa a aumentar.

#7 – Como vive um empreendedor

Em grupos sobre empreendedorismo, blogs e livros, vemos quase que diariamente exemplos das rotinas de grandes nomes da arte e dos negócios. De Leonardo da Vinci a Elon Musk, essas listas tentam transmitir uma simples ideia: se você for capaz de repetir o que essas pessoas fizeram, também será um gênio criativo.

É claro que tal proposta é completamente infundada. Repetir rotinas, padrões de sono e hábitos de gente famosa pode até trazer algum costume interessante para sua vida, mas nem de perto são elementos que definem o "sucesso". O extremo dessa ideia de copiar hábitos é ruim, mas a preocupação com bons hábitos é importante.

Para o empreendedor, principalmente os que ainda não possuem equipe, garantir que tudo está funcionando bem é um passo importante para não desistir. Se ficar três dias sem trabalhar, ninguém vai fazer sua parte para você.

Existem alguns princípios que podemos seguir, como seres humanos, para garantir que nosso corpo esteja funcionando bem. Nada muito especial ou mágico, mas são hábitos que garantem mais disposição e foco.

Mexa essa raba

Fazer exercícios físicos é importante. Muitos acreditam que é coisa de quem está acima do peso e precisa emagrecer. O contrário também acontece: achar que é para gente magra e atlética e que não adianta fazer nada, porque nunca vai perder peso.

Tem quem esteja acima do peso com bastante saúde, e há aqueles que estão magros, porém sem saúde nenhuma. Exercitar-se, porém, não deve ter relação com a vontade de perder peso. Devemos nos exercitar para deixar o corpo saudável e manter os níveis de disposição sempre altos.

Mais ainda: exercícios físicos são uma grande ferramenta para desenvolver uma característica – que, essa sim, é um sutil indicador de sucesso: disciplina. Apesar de ser visto pela maioria das pessoas como um traço nato de personalidade, ela se constrói aos poucos, e uma das formas mais simples de desenvolvê-la é por meio dos exercícios físicos.

Disciplina é, em termos práticos, a troca de um prazer imediato por uma recompensa muito maior no futuro. Essa característica pode ser aplicada para solucionar a grande maioria dos problemas convencionais que encontramos, tanto para empreender quanto para realizar coisas que planejamos na vida.

- Procrastinação.
- Exercício físico.
- Trabalho.
- Alimentação.
- Estudos.
- Produção de conteúdo.

Esses e vários outros problemas graves que causam dor de cabeça para a maioria das pessoas são resolvidos com o desenvolvimento de disciplina. Todos eles envolvem a compreensão da ideia de que um benefício imediato deve ser deixado de lado para conquistar algo ainda mais valioso lá adiante.

Saco vazio às vezes para em pé

Alimentação é outro ponto frequentemente negligenciado por quem está na busca por dar o melhor de si na abertura de um negócio. Existe todo um universo relacionado a ela – e profissionais que estudaram a vida toda para isso –, mas o básico do senso comum já é do conhecimento de todos: evitar gordura e carboidratos em excesso, não exagerar nos doces, variar bastante nos legumes e verduras e comer um pouco mais de proteínas. A não ser que você siga algum modelo de alimentação específico, seguir o senso comum não trará nenhum problema.

Dietas paleo, Atkins e outros tipos de alimentação mais específicos exigem estudo e experimentação para se adaptar. Não significa que sejam melhores ou piores, mas cada uma traz seu preço. Por exemplo, a dieta cetogênica está se popularizando entre empreendedores que querem ter mais foco e disposição, mas muita gente não consegue se habituar a ela e acaba obtendo efeitos contrários aos prometidos. Na dúvida? Procure um especialista ou preze pelo básico bem-feito.

Como alguém buscando encontrar um ponto de equilíbrio no qual o corpo consiga ter o melhor desempenho possível, aconselho a ler sobre tudo, experimentar o que parece interessante e observar como o corpo reage. Faça dieta vegana por uma semana, tome seu shake ou tente zerar carboidrato aumentando gorduras e proteínas. O importante, na maioria das vezes, é entender como seu corpo reage ao que está sendo feito. E, se decidir adotar por um longo período, consulte um médico e faça exames para garantir que tudo está em ordem.

Lembre-se: só existe experimentação eficiente quando há análise dos dados e um bom método. Caso contrário, fica impossível saber os reais danos ou benefícios de qualquer tentativa. Um exemplo disso foi a onda do Bulletproof Coffee, o café com manteiga clarificada e óleo de coco. Muita gente se interessou pela bebida, que prometia aumento do foco e até perda de peso – mas o resultado em geral era o oposto.

Graças ao potencial calórico da bebida, chegando a quase 500 calorias num copo grande, consumidores acabaram ganhando peso. E por não seguirem a dieta cetogênica necessária para ter os benefícios em relação à concentração, não sentiam nenhuma alteração relevante em termos de foco. Para fazer o café funcionar, as pessoas tomaram cada vez mais, aumentando a ingestão calórica e a quantidade de cafeína no organismo. E café em excesso causa ansiedade e perda do foco.

Por isso, seja lá qual for a alteração que esteja tentando para ganhar produtividade, tenha certeza de que está analisando tudo da forma mais científica possível. Não apenas consultando artigos acadêmicos, mas realizando exames para entender como seu corpo está respondendo.

Sim, drogas são uma realidade

Drogas são uma realidade no mundo do empreendedorismo, principalmente quando falamos de startups e Vale do Silício. Grande parte das empresas famosas é movida por gente inteligente utilizando os mais diversos tipos de substância. As mais comuns são Ritalina e Adderall.

Existe um grande debate sobre como tais drogas afetam não apenas a percepção de capacidade de produzir, mas também a expectativa em relação àqueles que não estão sob o efeito de medicamentos. Alguém acostumado a ter engenheiros usando Adderall dificilmente irá tolerar um excelente engenheiro que sinta cansaço, sono e tenha momentos de dispersão como uma pessoa comum.

No curto prazo, tomar drogas fortes pode ser uma ideia bem atraente. Os nootrópicos, medicamentos que prometem melhorar a capacidade cognitiva, são uma tendência nas startups, nas universidades e até nas competições profissionais de jogos eletrônicos. Todos estão procurando uma ajudinha extra para produzir mais e pensar com mais clareza.

Assim como esteroides anabolizantes nos esportes, seria mentira dizer que essas drogas não adicionam vantagem competitiva considerável em termos profissionais. No entanto, os efeitos colaterais e riscos que trazem deveriam ser o suficiente para fazê-lo reconsiderar a ideia. De problemas cardíacos a ansiedade e fadiga extremas, podem causar muitos efeitos colaterais ruins. Principalmente se combinados a estresse e álcool. E, de novo: quando tudo o que você faz está dependendo majoritariamente de você, a última coisa de que precisa é ficar doente.

Mas existe uma substância que você pode usar, de forma consciente e que traz todo potencial de que você necessita. Cafeína é uma poderosa droga para quem busca eliminar os efeitos da fadiga, melhorar a disposição mental e passar por cima do sono, mas, assim como qualquer outra droga, não pode ser utilizada de qualquer jeito.

Existem várias formas de consumir cafeína. A mais normal delas é ingerindo café. No entanto, é fácil encontrar cápsulas e outras bebidas com doses concentradas da substância.

O maior problema da cafeína é que ela apresenta grandes resultados até certo ponto e, depois, o excesso provoca efeitos contrários aos desejados. Cafeína ainda é uma droga que causa abstinência. O gráfico a seguir apresenta sua substituição por placebo em diferentes dosagens, demonstrando que efeitos como alteração de humor, dores de cabeça e fadiga são elevados quando aqueles acostumados a consumi-la interrompem o uso.

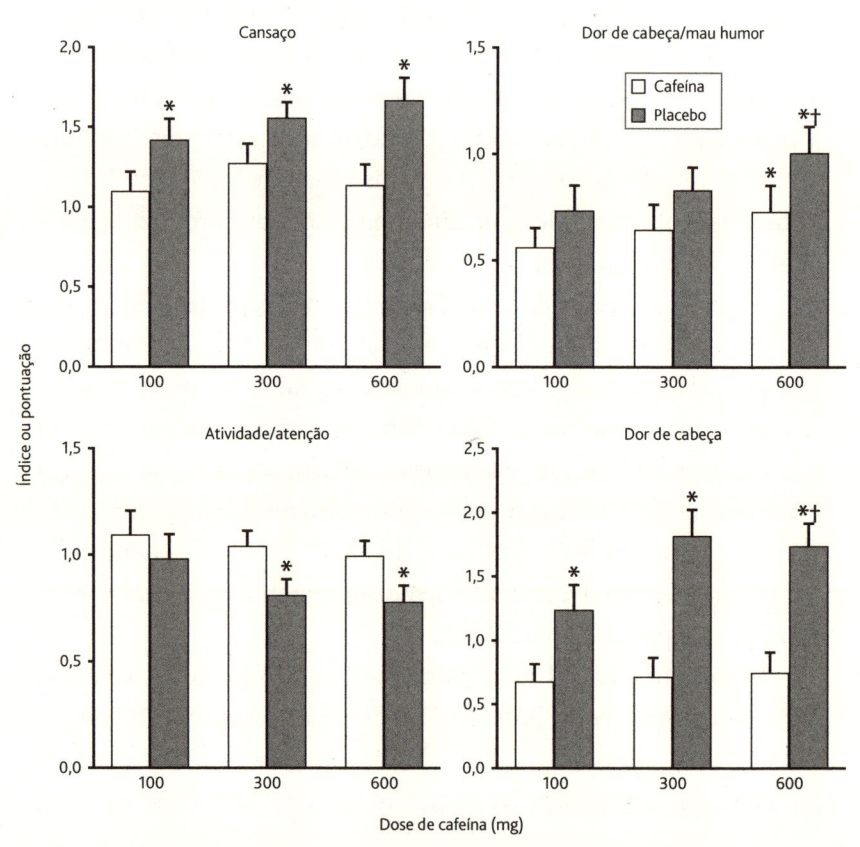

Fonte: *The Journal of Pharmacology and Experimental Therapeutics*.

Por isso, entender quanto está consumindo e os horários em que consome é importante. Cafeína é uma droga amplamente estudada. É fácil encontrar mais informações sobre o assunto – mas, sempre que possível, consulte um médico se estiver se sentindo exausto.

Alguns trabalhos mostram que doses horárias de cafeína, algo próximo de 0,3 miligrama por quilo corporal, é o suficiente para manter disposição, atenção e as características de redução do cansaço e fadiga.

O corpo tem uma capacidade natural de se adaptar às substâncias que utilizamos, fazendo seus efeitos serem reduzidos ao longo do tempo. Se sua intenção é consumir cafeína para aumentar a disposição mental, é interessante ter em mente que você criará uma tolerância. Para manter a intensidade dos efeitos, tente consumir em ciclos.

A tolerância e o tempo de descanso entre os ciclos podem variar de acordo com a quantidade utilizada, mas descansar de três a sete dias, a cada um ou dois meses de uso contínuo, costuma ser o suficiente.

Para quem exagerou na dose, um estudo com *L-teanina* sugere que o aminoácido consegue reduzir problemas relacionados ao sono causados pelo uso excessivo de cafeína.

E descansou no sétimo dia

No poema que abre o livro do Gênesis, na Bíblia, após criar todas as coisas e os lugares onde essas coisas estão inseridas, Deus descansou. Apesar de não ter crenças em divindades, acho o poema válido como reconhecimento máximo de que descansar não é fraqueza humana, mas uma necessidade importante para qualquer grande criação.

Ninguém se importa se você virou a madrugada ou não. Às vezes, realmente faz sentido forçar um pouco para continuar numa onda positiva de produtividade – mas, no geral, existe essa necessidade.

Sabemos que, em muitos momentos, é puro autoflagelo. Você precisa mostrar, para você mesmo e para o mundo, que está se esforçando ao máximo. Que, se deu errado, não foi por falta de tentativa. É como se fizesse seu sacrifício para o deus Sucesso.

Isso é mais um processo interno de autoafirmação do que uma necessidade de produção. Horas sem dormir e trabalho exagerado pela madrugada dificilmente trazem algo positivo.

Com o sono, erros começam a acontecer e o processo de retrabalho se torna inevitável. Cada novo trabalho exige o dobro de tempo corrigindo erros e procurando falhas.

Quando falamos de saúde mental, as pessoas assumem uma certa diferença na forma como o cansaço funciona, mas, quando nos referimos ao cansaço físico, fica mais fácil de visualizar o que quero dizer. Ninguém exigiria, de alguém que correu 40 quilômetros de uma maratona, fazer outra prova logo em seguida. Qualquer um sabe que, após tamanho esforço, é preciso um bom período de recuperação.

Descansar é essencial para evitar erros, decisões explosivas e manter tudo seguindo um ritmo sustentável. Concentração e foco são recursos limitados. Não adianta forçar muito depois que já estão esgotados.

Entender essa mecânica evita cair em discursos inflamados de gente que acha que morrer de trabalhar é bonito. Trabalhe bem, de forma inteligente, e aplique a intensidade necessária, mas saiba descansar quando for necessário.

#8 – Considerações finais

Este é um assunto extenso e existem algumas outras ideias que poderiam ser abordadas, de acordo com o momento e a realidade de cada pessoa. Acredito que o básico importante que pode ajudar muita gente a não cair em discursos falsos e ter um conhecimento de base interessante para seguir com as próprias pernas está aqui. Espero ter poupado algum dinheiro de quem pretendia pagar uma boa grana por cursos de empreendedorismo e ter conseguido transmitir a parte central das ideias mais importantes.

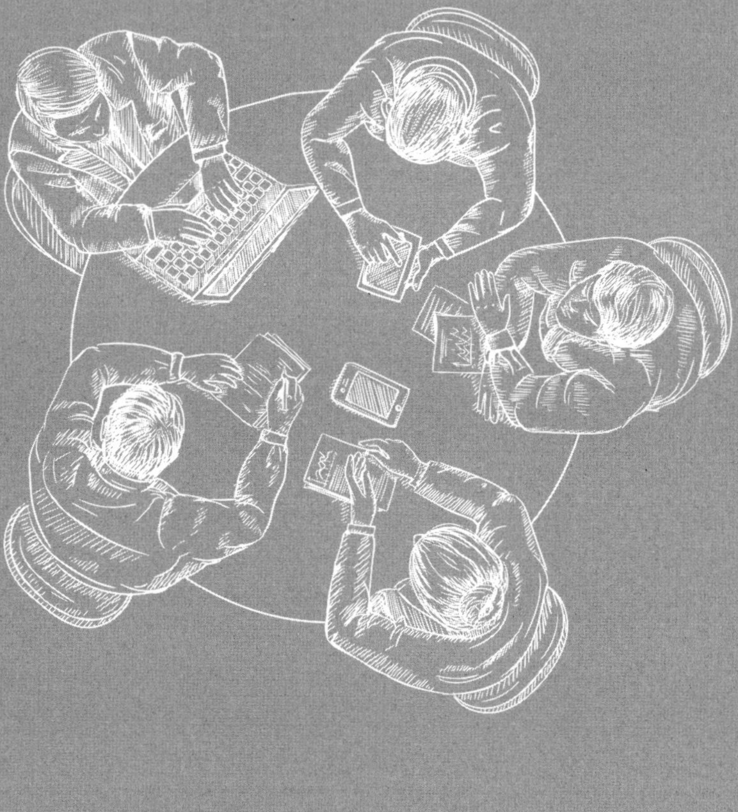

Referências

Capítulo 1

BEESLEY, Caron. *How to Estimate the Cost of Starting a Business from Scratch*.: <https://www.sba.gov/blogs/how-estimate-cost-startingbusiness-scratch>. Página indisponível em 14 junho 2019.

BLAU, Francine D.; KAHN, Lawrence M. *The Gender Pay Gap*. Disponível em: <https://inequality.stanford.edu/sites/default/files/media/_media/pdf/key_issues/gender_research.pdf>. Acesso em: 27 maio 2019.

GAETANO, Chris. *Woman Who Switched to Man's Name on Resume Goes From 0 to 70 Percent Response Rate*. Disponível em: <https://www.nysscpa.org/news/publications/the-trusted-professional/article/woman-who-switched-to-man%27s-name-on-resume-goes-from-0-to-70-percent-response-rate-060816>. Acesso em: 27 maio 2019.

GIBBS, Samuel. *Steve Wozniak: Apple Starting in a Garage is a Myth*. Disponível em: <https://www.theguardian.com/technology/2014/dec/05/steve-wozniak-apple-starting-in-a-garage-is-a-myth>. Acesso em: 27 maio 2019.

GORDON, Rob. *O garoto que mancava e outras reclamações do mundo moderno*. Disponível em: <https://papodehomem.com.br/o-garoto-que-mancava-e-outras-reclamacoes-do-mundo-moderno>. Acesso em: 27 maio 2019.

MARCOTTE, Amanda. *Teacher Gives Girls Better Grades on Math Tests When They Don't Know They Are Girls*. Disponível em: <https://slate.com/human-interest/2015/02/teacher-bias-in-math-new-study-finds-teachers-grade-boys-more-generously-than-they-do-girls.html?via=gdpr-consent>. Acesso em: 27 maio 2019.

MARIANI, Daniel; DUCROQUET, Simon. *A relação entre desigualdade de renda e mobilidade social*. Disponível em: <https://www.nexojornal.com.br/grafico/2016/03/16/A-rela%C3%A7%C3%A3o-entre-desigualdade-de-renda-e-mobilidade-social>. Acesso em: 27 maio 2019.

PENNAFORT, Roberta. *Emprego é entrave para refugiados no Brasil*. Disponível em: <https://brasil.estadao.com.br/noticias/geral,emprego-e-entrave-para-refugiados-no-brasil,70001852283>. Acesso em: 27 maio 2019.

ROSA, Bruno. *Taxa de mortalidade de startups chega a 75%*. Disponível em: <https://oglobo.globo.com/economia/taxa-de-mortalidade-de-start-ups-chega-75-22695381>. Acesso em: 27 maio 2019.

TILCSIK, András. *Pride and Prejudice:* Employment Discrimination Against Openly Gay Men in the United States. Disponível em: <https://pdfs.semanticscholar.org/67bd/c037e3490d6d1a04482fe2066b86882999b3.pdf>. Acesso em: 27 maio 2019.

UOL. *De cada dez empresas, seis fecham antes de completar 5 anos, aponta IBGE*. Disponível em: <https://economia.uol.com.br/empreendedorismo/noticias/redacao/2016/09/14/de-cada-dez-empresas-seis-fecham-antes-de-completar-5-anos-aponta-ibge.htm>. Acesso em: 27 maio 2019.

WIKIPÉDIA. *Viés de confirmação*. Disponível em: <https://pt.wikipedia.org/wiki/Vi%C3%A9s_de_confirma%C3%A7%C3%A3o>. Acesso em: 27 maio 2019.

Capítulo 2

MALONE, Scott. *Dropout Bill Gates Returns to Harvard for Degree*. Disponível em: <https://www.reuters.com/article/us-microsoft-gates/dropout-bill-gates-returns-to-harvard-for-degree-idUSN0730259120070607>. Acesso em: 27 maio 2019.

Capítulo 3

WIKIPÉDIA. *Falsa dicotomia*. Disponível em: <https://pt.wikipedia.org/wiki/Falsa_dicotomia>. Acesso em: 27 maio 2019.

Capítulo 4

THOREAU, D. H. *Walden*. Nova York: Sterling Publishing Co., 2012.

Capítulo 6

BORZI, Pat. *How to Make Sense of the NFL's Fanciful Super Bowl Economic Impact Numbers*. Disponível em: <https://www.minnpost.com/politics-policy/2018/01/how-make-sense-nfls-fanciful-super-bowl-economic-impact-numbers/>. Acesso em: 27 maio 2019.

MICHELENA, Liliana. *Funding for Carnival in Brazil Under Pressure Due to Economic Crisis*. Disponível em: <https://skift.com/2017/06/18/funding-for-carnival-in-brazil-under-pressure-due-to-economic-crisis/>. Acesso em: 27 maio 2019.

PRESIDENCY OF THE REPUBLIC OF BRAZIL. *Tourism will Inject R$ 5.8 Billion in the Economy at Carnival*. Disponível em: <http://www.brazil.gov.br/about-brazil/news/2017/02/tourism-will-inject-r-5-8-billion-in-the-economy-at-carnival>. Acesso em: 27 maio 2019.

TRADING ECONOMICS. *Brazil Real Average Monthly Income*. Disponível em: <https://tradingeconomics.com/brazil/wages>. Acesso em: 27 maio 2019.

_____. *Brazil Productivity*. Disponível em: <https://tradingeconomics.com/brazil/productivity>. Acesso em: 27 maio 2019.

Capítulo 7

KIVIMÄKI, Mika et al. *Long Working Hours and Risk of Coronary Heart Disease and Stroke:* a Systematic Review and Meta-Analysis of

Published and Unpublished Data for 603 838 Individuals. Disponível em: <https://www.thelancet.com/journals/lancet/article/PIIS0140-6736(15)60295-1/fulltext>. Acesso em: 27 maio 2019.

Capítulo 8

AMOROS, Raul. *The World's Most Productive Countries Work Less (and Vice Versa)*. Disponível em: <https://howmuch.net/articles/worlds-most-productive-countries>. Acesso em: 27 maio 2019.

LASSANCE, Raphael. *Eu odeio feriado*. Disponível em: <https://www.linkedin.com/feed/update/urn:li:activity:6393120235615973376/>. Acesso em: 27 maio 2019.

THE AUSTRALIAN NATIONAL UNIVERSITY. *A Healthy Work Limit is 39 Hours per Week*. Disponível em: <https://www.anu.edu.au/news/all-news/a-healthy-work-limit-is-39-hours-per-week>. Acesso em: 27 maio 2019.

WENTZEL, Marina. *Será que o brasileiro trabalha pouco? Números respondem*. Disponível em: <https://www.bbc.com/portuguese/brasil-38107290>. Acesso em: 27 maio 2019.

WIKIPÉDIA. *Princípio de caridade*. Disponível em: <https://pt.wikipedia.org/wiki/Princípio_de_caridade>. Acesso em: 27 maio 2019.

Capítulo 9

LEVI, Anthea. *12 'before-and-After' Photos that will Make You Rethink Everything You See on Social Media*. Disponível em: <https://www.health.com/fitness/body-positive-before-and-after-photos>. Acesso em: 27 maio 2019.

Capítulo 10

FOTHERGILL, Erin et al. *Persistent Metabolic Adaptation 6 Years After "The Biggest Loser" Competition*. Disponível em: <https://demystifyingmedicine.od.nih.gov/dm17/m01d17/reading03.pdf>. Acesso em: 27 maio 2019.

HALL, Harriet. *Death by Medicine.* Disponível em: <https://sciencebasedmedicine.org/death-by-medicine/>. Acesso em: 27 maio 2019.

IBGE. *IBGE divulga o rendimento domiciliar per capita 2017.* Disponível em: <ftp://ftp.ibge.gov.br/Trabalho_e_Rendimento/Pesquisa_Nacional_por_Amostra_de_Domicilios_continua/Renda_domiciliar_per_capita/Renda_domiciliar_per_capita_2017.pdf>. Acesso em: 27 maio 2019.

MELLO, Daniel. *Instituto do Câncer suspende estudo com fosfoetanolamina por falta de eficácia.* Disponível em: <http://agenciabrasil.ebc.com.br/geral/noticia/2017-03/instituto-do-cancer-suspende-estudo-com-fosfoetanolamina-por-falta-de-eficacia>. Acesso em: 27 maio 2019.

WAI, Jonathan; RINDERMANN, Heiner. *The Myth of The College Dropout.* Disponível em: <https://www.huffpost.com/entry/the-myth-of-the-college-dropout_b_58f8ebb9e4b0f02c3870e7a6?guccounter=1>. Acesso em: 27 maio 2019.

WIKIPÉDIA. *Nullius in verba.* Disponível em: <https://en.wikipedia.org/wiki/Nullius_in_verba>. Acesso em: 27 maio 2019.

Capítulo 12

BORGES, Rodolfo; AYUSO, Silvia. *Mais pobres podem levar até 9 gerações para atingir renda média no Brasil.* Disponível em: <https://brasil.elpais.com/brasil/2018/06/15/economia/1529048970_395169.html>. Acesso em: 27 maio 2019.

CORAK, Miles. *Inequality From Generation to Generation:* The United States in Comparison. Disponível em: <http://nws-sa.com/rr/Inequality/inequality-from-generation-to-generation-the-united-states-in-comparison-v3.pdf>. Acesso em: 27 maio 2019.

O'BRIEN, Matt. *Poor Kids Who Do Everything Right Don't Do Better Than Rich Kids Who Do Everything Wrong.* Disponível em: <https://ed.stanford.edu/in-the-media/poor-kids-who-do-everything-right-dont-do-better-rich-kids-who-do-everything-wrong?fbclid=IwAR2m3UTTU

jjRnKgMZqgTrxInrL-AqoUcCLuGQbKdZTKCSnZMDIin5hcZiro>. Acesso em: 27 maio 2019.

OECD. *A Broken Social Elevator? How to Promote Social Mobility.* Disponível em: <https://doi.org/10.1787/9789264301085-en>. Acesso em: 27 maio 2019.

OLIVIERI, Antonio Carlos. *Schopenhauer – O mundo como vontade e representação.* Disponível em: <https://educacao.uol.com.br/disciplinas/filosofia/schopenhauer-o-mundo-como-vontade-e-representacao.htm>. Acesso em: 27 maio 2019.

THE UNIVERSITY OF UTAH. *The Ethics of Suicide Digital Archive.* Disponível em: <https://ethicsofsuicide.lib.utah.edu/selections/arthur-schopenhauer/>. Acesso em: 27 maio 2019.

Capítulo 13

CHUNG, Chia-Fang et al. *When Personal Tracking Becomes Social*: Examining The Use of Instagram For Healthy Eating. Disponível em: <http://www.smunson.com/portfolio/projects/swellness/instagramhealthyeating-chi2017.pdf>. Acesso em: 27 maio 2019.

MORTIMER, Kathleen. *The Use of Bad Language in Advertising*: The Building of a Conceptual Framework. Disponível em: <https://www.researchgate.net/publication/262010156_Swearing_in_Political_Discourse_Why_Vulgarity_Works>. Acesso em: 27 maio 2019.

Capítulo 14

EHRENFREUND, Max. *Why The Poor Do Better on These Simple Tests of Financial Common Sense.* Disponível em: <https://www.washingtonpost.com/news/wonk/wp/2016/01/22/why-the-poor-do-better-on-these-simple-tests-of-financial-common-sense/?noredirect=on&utm_term=.08c553a117e9>. Acesso em: 10 junho 2019.

GIVE WELL. *Cash Transfers*. Disponível em: <https://www.givewell.org/international/technical/programs/cash-transfers>. Acesso em: 27 maio 2019.

LINDQVIST, Erik et al. *Long-Run Effects of Lottery Wealth on Psychological Well-Being*. Disponível em: <https://www.nber.org/papers/w24667.pdf>. Acesso em: 27 maio 2019.

MANI, Anandi et al. *Poverty Impedes Cognitive Function*. Disponível em: <https://science.sciencemag.org/content/341/6149/976>. Acesso em: 27 maio 2019.

MULLAINATHAN, Sendhil; SHAFIR, Eldar. *Freeing up intelligence*. Disponível em: <https://scholar.harvard.edu/files/sendhil/files/scientificamericanmind0114-58.pdf>. Acesso em: 27 maio 2019.

NEFE. *Research Statistic on Financial Windfalls and Bankruptcy*. Disponível em: <https://www.nefe.org/press-room/news/2018/research-statistic-on-financial-windfalls-and-bankruptcy.aspx>. Acesso em: 27 maio 2019.

OLIVEIRA, Nielmar de. *IBGE:* 50 milhões de brasileiros vivem na linha de pobreza. Disponível em: <http://agenciabrasil.ebc.com.br/economia/noticia/2017-12/ibge-brasil-tem-14-de-sua-populacao-vivendo-na-linha-de-pobreza>. Acesso em: 27 maio 2019.

POLLACK, Harold. *Being Poor Changes Your Thinking About Everything*. Disponível em: <https://www.washingtonpost.com/news/wonk/wp/2013/09/13/being-poor-changes-your-thinking-about-everything/?utm_term=.d02834b02254>. Acesso em: 27 maio 2019.

Capítulo 15

ABOUZAHR, Katie. *Why Women-Owned Startups Are a Better Bet*. Disponível em: <https://www.bcg.com/publications/2018/why-women-owned-startups-are-better-bet.aspx>. Acesso em: 27 maio 2019.

ANDRADE, Cristiane Batista. *A história do trabalho das mulheres no Brasil:* perspectiva feminista. Disponível em: <http://dx.doi.org/10.1590/0102-311x00225318>. Acesso em: 27 maio 2019.

BHARTHVAJAN, R. *Women Entrepreneurs and Problems of Women Entrepreneurs*. Disponível em: <http://www.rroij.com/open-access/women-entrepreneurs--problems-of-womenentrepreneurs.pdf>. Acesso em: 27 maio 2019.

HRYNIEWICZ, Lygia Gonçalves Costa; VIANNA, Maria Amorim. *Mulheres em posição de liderança:* obstáculos e expectativas de gênero em cargos gerenciais. Disponível em: <http://www.scielo.br/scielo.php?script=sci_arttext&pid=S1679-39512018000300331&lng=pt&nrm=iso&tlng=pt>. Acesso em: 27 maio 2019.

Capítulo 16

BRICKMAN, Philip et al. *Lottery Winners and Accident victims*: is Happiness Relative?. Disponível em: <http://pages.ucsd.edu/~nchristenfeld/Happiness_Readings_files/Class%203%20-%20Brickman%201978.pdf>. Acesso em: 27 maio 2019.

FONSECA, Mariana. *Saiba quanto um empreendedor ganha no Brasil (de verdade)*. Disponível em: <https://exame.abril.com.br/pme/saiba-quanto-um-empreendedor-ganha-no-brasil-de-verdade/>. Acesso em: 27 maio 2019.

KAHNEMAN, Daniel; DEATON, Angus. *High Income Improves Evaluation of Life But Not Emotional Well-Being*. Disponível em: <https://www.princeton.edu/~deaton/downloads/deaton_kahneman_high_income_improves_evaluation_August2010.pdf>. Acesso em: 27 maio 2019.

WIKIPÉDIA. *Falsa dicotomia*. Disponível em: <https://pt.wikipedia.org/wiki/Falsa_dicotomia>. Acesso em: 27 maio 2019.

_____. *Non sequitur*. Disponível em: <https://pt.wikipedia.org/wiki/Non_sequitur>. Acesso em: 27 maio 2019.

Capítulo 17

CHATHAM, Chris. *Caffeine*: a User's Guide to Getting Optimally Wired. Disponível em: <https://scienceblogs.com/developingintelligence/2008/02/11/optimally-wired-a-caffeine-use>. Acesso em: 27 maio 2019.

COOK, C. et al. *Acute Caffeine Ingestion's Increase of Voluntarily Chosen Resistance-Training Load After Limited Sleep.* Disponível em: <https://www.ncbi.nlm.nih.gov/pubmed/22349085>. Acesso em: 27 maio de 2019.

CUNHA, Joana. *Meio milhão de brasileiros vendem comida na rua.* Disponível em: <https://www1.folha.uol.com.br/mercado/2018/01/1948561-meio-milhao-de-brasileiros-vende-comida-na-rua.shtml>. Acesso em: 27 maio 2019.

ENVATO MARKET. *45,780 WordPress Themes and Website Templates From $2.* Disponível em: <http://themeforest.com/>. Acesso em: 27 maio 2019.

EVANS, Suzette M.; GRIFFITHS, Roland R. *Caffeine Withdrawal: a Parametric Analysis of Caffeine Dosing Conditions.* Disponível em: <http://jpet.aspetjournals.org/content/289/1/285>. Acesso em: 27 maio 2019.

HERMES, Felippe. *Por que é tão difícil criar emprego no Brasil.* Disponível em: <https://super.abril.com.br/sociedade/como-a-burocracia-atrapalha-a-criacao-de-empregos/>. Acesso em: 27 maio 2019.

JANG, H. S. et al. *L-Theanine Partially Counteracts Caffeine-Induced Sleep Disturbances in Rats.* Disponível em: <https://www.ncbi.nlm.nih.gov/pubmed/22285321>. Acesso em: 27 maio 2019.

LORIST, Monicque; TOPS, Mattie. *Caffeine, Fatigue, and Cognition.* Disponível em: <https://www.sciencedirect.com/science/article/abs/pii/S0278262603002069>. Acesso em: 27 maio 2019.

MCCREDIE, Andrew. *The Toyota Prius Was Car that Started the Hybrid Revolution.* Disponível em: <https://driving.ca/toyota/prius/auto-news/news/hybrid-highway-the-car-that-started-the-revolution>. Acesso em: 27 maio 2019.

MOTAVALLI, Jim. *Porsche's Long-Buried First Vehicle Was an Electric Car, and It Was Built Back in 1898*. Disponível em: <https://www.mnn.com/green-tech/transportation/blogs/porsches-long-buried-first-vehicle-was-an-electric-car-and-it-was>. Acesso em: 27 maio 2019.

RXLIST. *Adderall*. Disponível em: <https://www.rxlist.com/adderall-side-effects-drug-center.htm>. Acesso em: 27 maio 2019.

THE HARTFORD. *Brand Archetypes*. Disponível em: <https://www.thehartford.com/business-playbook/in-depth/choosing-brand-archetype>. Acesso em: 27 maio 2019.

THE NEW YORK TIMES. *Electric Vehicles Attract Attention*. Disponível em: <https://timesmachine.nytimes.com/timesmachine/1911/01/20/104855338.pdf>. Acesso em: 27 maio 2019.

YOUTUBE. *Everything is a Remix*. Disponível em: <https://www.youtube.com/watch?v=SAfCvMNgLjg>. Acesso em: 27 maio 2019.

Agradecimentos

É muito difícil escrever agradecimentos sem colocar em risco o anonimato que venho tentando preservar, mas existem pessoas importantes que merecem ser lembradas por toda ajuda e apoio para que o Startup da Real aconteça.

Para minha esposa, M., agradeço por toda força e paciência. O que começou como uma simples brincadeira de Twitter acabou tomando muito mais espaço na nossa vida do que poderíamos imaginar – seu apoio e reconhecimento são vitais para que estas páginas existam.

P., D. e L., é preciso reconhecer a importância da estrutura de trabalho que vocês fornecem como fator determinante para que o Startup da Real tenha se tornado tão relevante. Sem a confiança profissional que vocês depositaram em mim, seria impossível me dedicar ao livro. Vocês são a prova de que é possível existir um empreendedorismo que pensa nos funcionários de forma justa, tratando-os com igualdade e respeito. É muita sorte encontrar uma empresa que demonstra confiança e incentiva os projetos pessoais de seus colaboradores.

Aos membros do Patreon, que cooperaram mensalmente para que os custos do Startup da Real estejam cobertos, obrigado por acreditarem no que faço. Como são muitos, deixo meu agradecimento amplo para vocês.

Os poucos nomes que posso falar abertamente sem que comprometam meu anonimato são de pessoas que ajudaram o Startup da Real de maneira direta em algum momento, seja com ideias, com ajudas estratégicas ou fornecendo soluções para problemas operacionais. Muitos de vocês eu conheci por meio do perfil, pela internet, mas rapidamente se tornaram amigos de verdade: Júlio, Lucas, Ph, Jayder, Marco, Carol, Lucio, Felipe (o sapo), Fernando, Rafael G., Rafael V., Balotin, Adriano, Yann, Patrícia Moraes, Pati Guollo, Capra, Samuel, Karen, Felipe M., Vinícius L., Diego Mendes, Willy, João Lucas e Anderson Rodrigues.

Por fim, agradeço ao Saulo, por ter me enviado tantos materiais ruins sobre empreendedorismo – o que motivou o surgimento do Startup da Real no Twitter.

A todos vocês, muito obrigado.

Sobre o Startup da Real

Iniciado como uma brincadeira, o perfil Startup da Real (@startupdareal) no Twitter não demorou a chamar atenção por seu posicionamento crítico. No começo, o foco dos questionamentos eram os exageros apresentados por palestrantes de empreendedorismo e livros de autoajuda, mas rapidamente outros assuntos passaram a ser abordados.

Com uma série de textos publicados na internet, ele passou a questionar princípios como meritocracia, histórias de sucesso falsificadas e visões de mundo com potencial de causar enormes danos para a sociedade.

Atualmente, o Startup da Real é a principal referência sobre críticas ao mundo do empreendedorismo e do charlatanismo virtual. Seu papel tem sido importante para a conscientização do público a respeito de oportunistas, mentiras e esquemas que se apoiam nos sonhos de inocentes para vender soluções mágicas.

**Acreditamos
nos livros**

Este livro foi composto em Fairfield LH 45
e impresso pela Geográfica para a Editora
Planeta do Brasil em maio de 2021.